政治学

POLITICS

[古希腊] 亚里士多德 著 陈虹秀 译

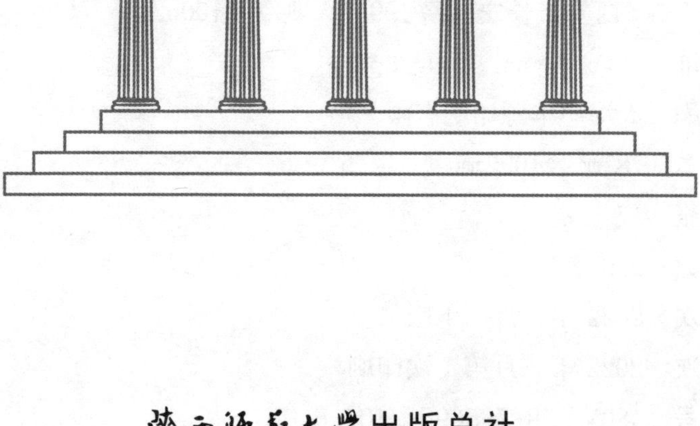

陕西师范大学出版总社

图书代号：SK21N2134

图书在版编目（CIP）数据

政治学 /（古希腊）亚里士多德著；陈虹秀译．—西安：陕西师范大学出版总社有限公司，2022.2

ISBN 978-7-5695-2101-6

Ⅰ.①政…　Ⅱ.①亚…　②陈…　Ⅲ.①政治学－古希腊　Ⅳ.① D0　② B502.233

中国版本图书馆 CIP 数据核字（2021）第 041434 号

政治学

ZHENGZHIXUE

［古希腊］亚里士多德　著　陈虹秀　译

出 版 人　刘东风
责任编辑　高　歌
特约编辑　孟家琦
责任校对　刘　定
封面设计　王　鑫
出版发行　陕西师范大学出版总社
　　　　　（西安市长安南路 199 号　邮编 710062）
网　　址　http://www.snupg.com
印　　刷　天津旭丰源印刷有限公司
开　　本　787mm×1092mm　1/16
印　　张　17
字　　数　229 千
版　　次　2022 年 2 月第 1 版
印　　次　2022 年 2 月第 1 次印刷
书　　号　ISBN 978-7-5695-2101-6
定　　价　69.00 元

目录

第一卷

章一

凡所见之城邦皆为某种共同体，而一切共同体之建立皆是为了某类善业。人类的所有行为即是为了得到心中的善。既然所有共同体都以此为目的，那么代表最高、涵盖最广的社会政治共同体所追求的一定是至善。

有人认为无论政治家、君王、家主还是主人都一样。他们只是在管理人数的多寡上有区别，在性质上却相同。譬如，管几个人的叫主人，再多点的叫家主，而治理大量人口的则称为政治家或君王。这样看起来似乎名门望族与寡民小国之间毫无差别。政治家与君王的区别也仅是如此：君王以个人名义统治全国，而政治家则凭借政制的规章加以治理，据此规章，城邦公民可轮流执政。

实际上，这些观点都是错的，运用历来的分析方法加以考察，人们便会明白。正如在其他学科上，组合物总会被拆解为构成它的最小单位。因此，在政治学上，我们也要找到组成城邦的基本要素，由此分析各处不同，试图得出有力论断。

章二

如果有人能追根溯源，研究城邦或其他事物的发端，定可获得最清晰的认知。首先，相互依存的事物必定得有一个结合。男女婚配，种族得以延续（此种结合并非人类有意为之，而是同其他动植物一样出于一种自然的本能，即留下和自己肖似的个体）。统治者与被统治者也出于保全建立了联系。具有远见能运筹帷幄的人自然成了统治者和主人，拥有体力能够劳动的人就成了被统治者和奴隶，因此，在这里，主人和奴隶有着共同利益。但是女人和奴隶却存在天壤之别。自然创造出女人并非要她像铁匠制造出来的德尔斐小刀一样具有多种功能。自然赋予了每个事物单一的功能，因为只有当物为专用之时方可尽善尽美。但是在野蛮民族中，女人与奴隶的地位相差无几，他们之中没有天生的统治者，他们只是男奴与女奴的共同体。所以有诗人说：

> 应当由希腊人来统治野蛮人。

在他们看来，野蛮人好像是天生的奴隶。

由于男女同主奴之间的联系结合，首先便形成了家庭。正如赫西奥德所说：

置其家，安其妻，犁其田。

因为犁地的牛即为穷人的奴隶。家庭便是为满足人们日常生活所需而自然形成的共同体。因此加隆达斯称家庭成员为“食橱伴侣”，克里特的厄庇米尼德斯则称之为“食槽伴侣”。当数个家庭为了争取多于生活所需的东西而联合起来时，首先形成的便是村落。一个家庭繁衍发展产生了最初级的村落，它包括孩子以及孩子的孩子，正如有人说的，他们是“同乳所养”。这也是为什么古代希腊的各个城邦原来都由君主统治，而至今一些较为落后的民族仍然如此。正如长者管家，在一群落中，理所应当由长老治族，荷马曾说：

人各率其儿女与妻子。

这即是古时的情形，因为他们散居各处。于是人们说众神也受统治，因为无论今人或古人都受君王统治。人们想象同自己模样相似的神的形象，也假设他们的生活方式和状况。

当多个村落为着更优质的生活结合成一个独立而完善的共同体，并且大到足以或者接近自给自足时，城邦就出现了。一切早期的社会形态皆是自然形成，城邦亦然。事物的本质即其结果。无论我们谈论的是一个人、一匹马还是一个家庭，一旦事物完全成形，那便是它的自然结果。此外，事物的目的因及其终点必然达到至善，那么，自给自足的城邦便是此种至善的结果了。

由此可见城邦出于自然的演化，而人的本性更趋向于一种政治动物。若非刻意为之，有人天生就不隶属于任何城邦，那么他不是超人，便是邪恶拙劣之徒；正如荷马所谴责的那样：

无宗无族兮，无序亦无法，无亲又无家。

这些天生的流浪者身上，往往带着一种好战倾向，他们是孤立于棋局中的棋子。

显然，相对于蜜蜂和其他群居动物，人类所组织的团体政治性更强。就像我们常说，自然不为无益之事，不造无用之物；在所有自然界的物种中，人类是唯一拥有言语能力的。

声音能够表达喜悦和悲伤，其他动物也能发声（它们天生具有感知哀乐并相互传达的能力，但仅此而已），而言语可以阐述利与弊，表达公正及不平。人类所独有的特别之处便是人性。人性能辨识一切善恶，分别公与不公，等等。家庭与城邦正是这类特殊生物体的族群联合。

进一步而言，城邦在本质上优先于家庭和个人，正如整体必然优先于部分；譬如，身之不在，手足焉存。被损毁的手足同石制的手足无异，只是我们还在含糊其词地称其为手足而已。万事万物名功能之名，行效用之实；但凡其不再具备自身独有之特性，便不能将其看作原本意义上的同一事物，不过是徒有其名尔。事实证明，城邦为自然产物并优先于个体，一旦个体处于独立或脱离状态就无法自给自足，这正如部分与整体之间的关系。如若此间有不为世所容或遗世而独立者，若非异类即为神祇。天生的社会属性注定了人是合群而居的族群，而第一个创建城邦之人也应被铭记并接受后世的敬仰。人一旦完善就是最高形态的物种，一旦堕落、违犯法律、破坏公正，就成了最劣等的动物。被暴力化的不义，势必引发更凶残的灾祸，而人与生俱来的天赋，若不规范于才智和道德，加以正确疏导和利用，难保不会酝酿出无法预知的可怕结果。因此，荒淫无度、贪婪不义之人即世间最为下流、最为肮脏的穷凶极恶之徒。而正义确是一个城邦的准绳。基于正义实施的礼法制度可问是非、可断曲直，是建立社会秩序的基础。

章三

从上可知，我们业已明了城邦的各个组分，城邦是由无数家庭构成的，在讨论城邦问题前，我们应当先弄清“家务管理”的问题。一个完整的家庭是由奴隶和自由人组成的，家务管理因而必然与之一一对应。研究问题一般由分析它的最初成分开始，就家庭而论，它们是：主与奴、夫与妻、父与子。因此我们有必要首先探究这三者各自之间的联系以及它们应当是什么；一是主奴关系，一是配偶关系（尚无适当词语表述男女间的结合），一是亲嗣关系（此词亦无法准确表述）。除此之外，另一种要素，所谓的“致富之道”，即他人所述的家务管理或家务管理的主要部分，也应在我们的考察范围之内。

为了结合生活的实际所需，以及找出优于当下有关主奴关系学说的理论，我们将优先讨论主奴关系这一项。有人认为如何管理奴隶是一门学问，齐家治国、教人使众，就我之前提到的，也大致同理。可是，有些人持反对意见，他们认为奴隶与奴隶主天生平等，奴隶与奴隶主之间的差异所基于的是强权保护下的法律条令，因而不合自然之道的正义。

章四

财产是家庭的一部分，致富之道理应属于家务管理；除非具备必要条件及必备品，否则无人可以正常生活，更不论过上优质的生活了。就具体工种的专业技术而言，若无相应的特殊工具，工人无法顺利完成各自的工作，家务管理也是这样。工具种类很多，多是有生命体和无生命体。对于航船来说，航海者的船舵是无生命的，而瞭望者却是被作为有生命的工具。在各行业中，雇工皆是工具。同样，占有物是维持生活的工具。在家务问题上，奴隶是活生生的占有物，通过这类工具主人累积了大量财富，雇工自己也成了使用工具的工具。假使每件工具都能按照他人的意志自动完成工作，如同代达罗斯的雕像或者赫斐斯托斯的三足宝座，它们自动参与众神的集会，如诗人所说；若不假人手，机杼能织布，锦瑟可自鸣，工匠就不再需要帮手，主人也不再需要奴隶了。因此，我们需要明确的是，通常所说的工具是用于生产的工具，另外还有一些类似于财产的用于消费的工具。不同于衣物和床的单一用途，织机能进行制造，生产出额外的物品。生产和消费作为两种不同的日常行为，尽管它们都需要工具，但两者所需的工具必然不同。然而，由于生命是消费行为而非生产行为，奴隶注定只是消费行为的依附者。再者，一笔财产原是指家产中的一个部分，家产既有所属，那么每一笔财产不仅属于全部家产，也属于财产的所有人。就家庭来说，主人由于是奴隶的主人，他从不属于奴隶；而作为一种财产，奴隶则完全属于主人。于是我们可以看出，奴隶具有不属于自己而属于他人的与生俱来的本性和职能。天生属于他人之人即财产，也即所有物。这笔财产被当作生活行为的一件工具，此工具与其所有者可以分离。

章五

然而是否真的存在上述那种天生的奴隶？在他们自身看来，这种情况又是否合乎本性、礼法？或者相反，一切奴役制度都有悖于自然法则？

无论是基于理论还是基于事实，回答以上问题都不难。在这个世上，一些人统治着别人，另一些人又被别人统治着，并且在出生时就已注定，像这样的情况实际上不仅必须，还是利大于弊的。

统治者与被统治者种类很多，被统治者越高级，统治者越优秀。例如对人的管理优于对牲畜的管理，因为执行者越优秀，其工作质量就越高，一方统治，一方受命而行，双方合力便可以完成一项事业。一切由若干部分组合而成的事物中，无论是连续体还是分离体，各个部分中统治与被统治的区别显而易见。诸类情形可见于整个自然界的有生命体甚至无生命体，即使是一支曲子，同样存在着某种相对主要的元素。但由于牵扯太广，范围太宽，我们仅限于研究生物范畴内的灵肉结合体，前者与后者，一方为统治方，另一方为被统治方。我们考察的是处于自然状态下的事物的本性，而非腐坏状态下的意图。也即，我们考察的是灵魂和身体处在完美状态的人，在他身上体现的是灵魂和身体的真实关系；虽然在相对较坏的环境中，身体常常会控制灵魂，而这是极不正常的业已丧失自我之人。确切而言，在生物界中我们可以同时观察到专制和宪政两种体制；灵魂以专制控制身体，而理智由宪政领导情感。很显然灵魂对于身体行为的克制，理智对于情感的平衡，总在起着有益的作用。若是使它们的地位两两平等或者相互颠倒便会引起相反的作用。灵魂和身体的关系同样适用于人类和动物。驯养的动物优于野生动物，是由于人的参与使它们更容易得以保全。雌雄关系也是如此，此种原则普遍适用于人类。

差异存于灵与肉、人与兽之间（那些只运用身体进行日常活动的生物不可能做好任何事情），其中较为低劣的自然就成为奴隶。作为奴隶，接受主人的统治，这对于他们较为合宜。而那些能够感知他人的理智但毫无自我心智的，并确实属于了他人的人，天生就是奴隶。低等动物没有心智，依靠直觉行事。因此，使用奴隶与驯养动物毫无二致，二者都以身体换取主人的日常所需。自然赋予人类不同的体格，身体健壮的奴隶适合劳役等体力活动，而另一部分身材挺拔却不适合劳动的自由人，对从事战争或和平时期的政治活动得心应手。但相反的情况经常发生，有些奴隶拥有同自由人一样的灵魂，有些则拥有修长的身体。事实上，自然赋予人类不同的体格，其差别之大较之神像和人像，恐有过之而无不及，那么我们应当承认鄙陋者是高贵者的奴隶。如果身体上的差异是事实，那灵魂的差别又有多少不同？不过是身体之美因为外显而能被肉眼所见，灵魂的美却不是轻易可见。显然，有的人天生就是自由人，有的人则天生为奴，对于后者，奴隶属性更为有益，也合乎自然。

章六

但是，那些持相反意见的人也有他们正当的理由，这点不难明白。“奴隶”和“奴隶主”这两个词都有着双重的含义，它们共同存在于法律和自然界中。我所提到的法律倾向于一种约定俗成的界定，即在战争中胜者为王，战胜者拥有一切。许多法学家却排斥这项权力，控诉此种观念及行为。凶狠残暴的人一旦拥有强权，别人将会成为他的奴隶和附属。古往今来，圣人先哲就此争论不休。至于争议的根源及混淆的原因，正如以下所述：道德一旦被武装，将会获得极大的权力，而至高的权力只存在于至强中，换言之似乎权力已等同于道德，争议的关键由此转到了正义问题上（因为一方认为正义即善良，另一方标榜正义即强权）。如果把双方观点拆开来看，似乎另一方并无足够的理由证明道德高尚的人不应该成为主人。另一些人，如他们所想，坚持一种简单的正义原则（法律与习俗是一种正义），即假设根据战争协定而成的奴隶制合乎法律，但是他们又否认这点。如果战争本身就非正义呢？再者，没有人会认为应当把不应为奴的人降为奴隶。按照他们所坚持的原则，即使是最高贵的人，一旦被俘虏或出卖，他们自己或儿女也会变为奴隶。这就是为什么希腊人从不愿意称自己人是奴隶，而宁愿将此词的使用范围局限于外邦人或蛮族身上。当然这就是我们之前提到过的天生的奴隶，不得不承认，有的人无论在何处都是奴隶，而有的人不论在何处都不是奴隶。至于贵族，情形类似。希腊人在任何地方都把自己当贵族，不仅仅是在自己的国家，而且认为外邦蛮族只在他们自己的本土时才高贵，这样，高贵和自由就有了两种形式——绝对以及相对。狄奥德克底在《海伦》中说：

> 双亲出于神裔，谁得唤我为婢?

他们根据善良和邪恶两种原则辨别自由和奴役，高贵和平庸，这又意味着什么呢？依他们所见，人生人、兽生兽，善良之辈必是善类所出。自然的本意或许如此，可是却不可能时时如愿。

这种分歧确有事实根据，并非所有奴隶或自由人都是天生的奴隶或自由人。诚然，在某些情形中，这两者明显存有极大差异，为主为奴各随天分，一方受制于另一方被视为是合乎正义且极度有益的。一旦权限乱用，一损俱损。整体与部分，如同灵魂和身体，利益相同，奴隶属于主人，是独立于其身体骨架之外的部分。因此，当奴隶与主人关系和睦时，他们是拥有相同利益的朋友，反之，仅靠法律、权力强制维系的主奴关系便会大相径庭。

章七

以上分析足以证明主人的权威统治异于国家的宪政体制，各种体制的统治各不相同，并非如有人所说完全相同。一种统治的对象是自由人，另一种统治的对象是奴隶。家庭实行君主制式的管理，每个家庭仅有一位首领；宪政统治则应用于由一群地位平等的自由民众所组成的政府。家主之所以称为家主，不是因为他具有家主的知识和技能，而是由于他的本性，这同样适用于奴隶和自由人。家主既有家主之法，奴隶亦有奴隶之道。奴隶的法则大概就如那位叙拉古人所传授的一样，这位教师以教导奴隶如何完成日常工作为生。此类知识还可以从日常劳务扩展到专业技能，例如烹饪之类的奴隶们常做之事。在奴隶所有的分内之事中，有些为人之必需，有些能赢得尊敬，因而谚语有云：“奴隶有优劣，主人有高下。”当然，这些只是奴隶的知识。另外还有一种针对主人的知识，专门教授如何使用奴隶。作为主人，关键不在于他占有多少奴隶，而在于他如何指挥他们。这并不是一门高深的学问，只要主人懂得下命令使奴隶明白如何执行即可。因此，使用管家的人或可摆脱家务琐事，从而全身心地致力于政治或哲学的研究。说到如何获取奴隶，我指的是按照合法手续获得奴隶，则全然不同于为主之道、为奴之法，这就要涉及战争或狩猎的部分了。至此，主奴之间的区别已经说得够多了。

章八

下面我们就常用的方法来看看日常生活中的财产问题与致富之道，因为奴隶的身份已经表明他是财产的一种。在此，我们需要弄清的第一个问题是致富之道是否即等同于家务管理，或者只是其一部分；若是，则是否又类似于机杼之于纺织，铸铜之于造像。两者方法性质有别，前者提供制造工具，后者供应生产材料。所谓材料即事物生成时消耗的原料，例如羊毛是编织的材料，青铜是造像的材料。如此，家务管理不等同于致富之道，它们之间的关系是一者为另一者提供原料，于是我们可以推定使用家庭财产就是进行家务管理。然而，致富之道是否仅为家务管理的一部分，甚或是一种完全独立的技术，这点尚不确定。如果致力于获取财富的人不得不考虑获取财富的方法和途径，而财富的种类又很多，那么耕种、粮食的存储和供给，是否又包含于致富之道，或者也是一种全然独立的技术呢？同样，粮食是动物和人类得以生存的根本，粮食的种类很多，不同的粮食使动物和人类形成了不同的生存方式。动物界中，依据各自天性，有的群居，有的独居，有肉食性动物，有素食性动物，还有杂食性动物，一切的习性莫不是凭着本能的自然便利而形成的。但是，物种不同、嗜好不同，同样的东西自然不适用于不同物种，因此，杂食性动物与素食性动物之间本身就存在极大的差异，不同的人之间亦存在着此种差异。过着闲散生活的牧民最为懒惰，随着季节变换和草木荣枯，他们四处迁徙，以自家畜养的牲口为食，耕耘着一块富有生命力的农田。另一些人靠打猎为生，打猎的方式也不尽相同。比如，有的以掠夺为生，居住在临近湖畔、沼泽或海洋的人则靠捕鱼为生，还有些人凭借捕猎鸟兽为生。而绝大部分的人还是依靠耕种技术和农业劳作来获得食物。不靠交换或零售，而是各凭劳力营生，盛行于其中的生存方式大致有以下几种：游牧、耕种、劫掠、捕鱼、狩猎。有些人兼营两种谋生手段，以便其中一种失效时还能以另一种维持生计。所以，游牧民族常常干些劫掠的勾当，农夫时常外出狩猎。另外还有一些同样也是为着满足所需的生存方式。单独就维持生存这一点来看，食料似乎在一切动物出生之时和成熟之后就已经准备好了。有的动物刚刚出生就拥有了足够自己及后代食用的食物，这些食物可以一直持续到它们能够自己觅食。蛆虫或卵生动物即是如此。胎生动物则必须经历一段哺乳时期，倚靠母亲的乳汁生存。如此，我们可以推断，植物的存在是由于动物，而一些动物的存在是为了人类。人们驯养家畜，用以劳作或食用，同时还食用绝大多数野生动物的肉，用它们的皮毛和骨头做成衣服和工具。如果说自然尽善尽美，不造残缺不全之物，不为徒劳无益之事，那么一切动物生来就该为人所用。因此，我们可以说，战争的技术就是关于获取的技术，狩猎即获取技术之一种，它是我们用来追捕野兽、捉拿叛臣的工具，自然是正义的。

在上述所提到的获取技术中，有一种技术的确应该从属于家务管理。家务管理的首要职责便是为家庭和城邦共同体准备或提供各种日常生活常备品，这些才是真正意义上组成财富的要素；美好生活所需的财富不是没有限度的，尽管梭伦在他的诗中说：

钱财万贯，富贵无边。

犹如其他各类技术所需的工具无论在大小还是数量上都各有限度，财富作为家务管理或城邦管理中使用工具的总和也一定有其限度。由此我们不难明白，家主或君王在管理家务或治理国事中熟练地运用着这种自然的获取技术，以及此种技术存在于现世的原因。

章九

另外还有一种有关获取的技术，人们恰当地称之为“获财之道”，实际上这个名词已暗含了人类对于对财富的追求是无止境的这一观念的认同。由于获财之道与之前的致富方法联系紧密，所以人们时常混淆。两者尽管相似，但并非相同。前者是依靠自然本性获取生活所需，后者却是通过经验和技能获得财富的。

我们就以下几点来论述：我们拥有的东西都有两类用途。同一物质，用法有别，一类是遵循其自身本性的正常作用，另一类是有违其本性的不正常作用。例如鞋子，直接穿与用于交换是鞋子的两种用途。为了获取金钱或食物而将鞋子当成物品交换的人，固然是使用了鞋子，但他使用的不是鞋子天生的职能，因为制鞋的本质是为了穿。同理可知，交易原则适用于所有物质，这种情况是由于起初人们拥有的物品各不相同——有的人拥有太多，有的人拥有太少——而自然形成的。因此，我们可以推断，贩卖型的贸易是致富之道中不合乎自然的一部分；按照自然原则，一旦人们拥有足够的物品便应该停止交换。显然，在第一阶段的家庭团体中，这种方法毫无用处，但将其数量增加、规模扩大到社会形态中，它会非常有用。起初，全部家庭成员共用着所有物品，但是随着家庭的拆分，部分人分享着诸多物品，不同成员拥有的物品不同，为了需要他们之间不得不进行某些交换，蛮族中至今仍然存在着这种生活必需品的交换。他们常常进行这种最原始的以物易物的活动，诸如以酒换粮、以粮换酒，除此之外再无其他交换方式。这种方式的交换不属于获财之道，但满足了人类天生的需求，并不违反自然法则。而其余更为复杂的交换形式，却并非如此单纯。一旦某处居民开始更多地依赖于别处的物品，他们就会出口所余、进口所需，钱币于是被派上了用场。生活必需品往往不便运输，人们试图发现一些自身有用又便于携带的物质作为交换的介质，于是有了铁、银之类的东西。起初，这些东西的价值是由大小和轻重决定的，后来为了避免称量的麻烦，人们在其上标注了印记，表明各自的价值，自此，硬币开始使用。随着交换方式的变革，出现了另一种致富途径，也即贩卖。贩卖逐渐由之前单一的模式变得越来越复杂，人们也通过经验知道了获取最大利益的途径。人们对于财富的观念慢慢地由物品转为钱币，如今的获财之道便是想方设法地获取并囤积大量的钱币。钱币亦被看作财富的象征，事实上，获财之道和贸易往来都与之密切相关。另一些人认为钱币不过是赝品，它只是一种协定的产物，不属于自然之物。一旦使用者用其他物品代替，它便一文不值。诚然，家财万贯的人也会为食物焦虑，就像寓言故事里的米达斯，他获得了将眼前的一切都变成黄金的本领，最终也因饥渴致死。可见，财富过多也并无益处。

因此，那些鄙薄钱币的人就试图分别为财富和获财之道寻找相应的解释，这种做法何其正确。自然的财富和获财之道是不同的，它们本质上属于家务管理，而贩卖却是一种制造财富的手段，通过交换获得、积累财富。后者关心的主要是金钱，因为金钱是交易的手段和目的。使用此类方式致富永无止境，就像医疗技术之于健康的追求永无止境一样，为了达到最高级的形态，各行各业各类技术对于追求结果永不满足（所有方法及其结果都必然有其限度），因此，这种目的在于敛财的致富途径对于财富的追求也是无止境的。隶属于家务管理的致富之道却是有限度的，它与那类无止境的敛财术无关。从某种意义上说，一切财富都是有限的，但事实上我们发现世上却有人反其道而行，财主们为了无节制的敛财计划而绞尽脑汁。上述两种致富之道联系紧密，两者之间可以相互转化，它们获得财富的手段相同，都运用了同样的资源，但其目的却并不一样，一个目的在于敛财，一个目的只是为生活所需觅取有限物资。于是，就有人误以为家务管理的目的在于积累财富，其整个生活的目标就是无限制地敛财致富，或者在最大程度上不使之减少。人们之所以这样想，原因在于他们只知何为生活而不懂何为优质的生活；他们以为欲望无穷无尽，满足欲望的事物也无穷无尽。那些追求美好生活的人，企望的不过是肉体的快乐以及金钱带来的欢愉，第二种致富方式就因此而起。若享乐超过一定范围以致无法满足，他们便想方设法找出另一种达到目的的手段或方式。倘若凭借一门致富技术还不能满足其享乐的目的，他们会采取另外的手段，甚至是一些违背自然规律的手段。以勇气为例，它是使人获得自信的品质，并非为了赚钱而刻意培养的。军事技术与医疗技术也是这样，前者是为了取得战争的胜利，后者则是为确保身体的康健。但是，一些人把人类所有的品质和技术运用到赚钱这件事情上，他们认为世间一切只要有用皆可用于致富，并且他们还认为人生的目的全在于致富。

因此，我们需要认真思考那种必要需求以外的致富途径为什么人人向往，以及另一部分有别于其他的，在本质上属于家务管理的致富之道，考察它与食物供给的联系——它异于前种方式，不是无穷无尽，而是有所克制。

章十

对于前面的问题我们已找到了相应的解答，即致富之道是否在家主或君王的权力范围之内，财富是否是他们的先决条件。政治学的目的不是创造人，而是探究如何自然地使用人；自然也是这样，为人类提供土地、海洋等，使其作为人类获取食物的资源。家主的职责就在这一阶段内开始了，他必须知道如何运用自然界提供的一切现成材料；此时的他等同于一个纺织工，使用却不生产羊毛，但他清楚羊毛品质的优劣——耐用或不耐用。除此之外，很难分辨为什么致富之道隶属于家务管理而医疗技术却不包括在内。当然家庭成员必须保证身体健康，如同他们必须拥有生存能力及其他生活必需品一样。从一方面来看，这是家主或君王不得不考虑家庭成员或城邦中人的健康问题的原因；从另一方面来看，这正是医生的本分。同样财富问题也与之类似，获取财富虽属于家主的业务，但不是他的本分，而是家务管理中的一个枝节。严格地说，如前所述，自然预先备好了生存所需的各种要素，它的本职就是为新生的生命提供足够的食物。因此，通过耕种和狩猎的方式获得的财富总是合乎自然的。

我已说明，世间存在两种方式的致富之道，一是隶属于家务管理，一是相关的贸易贩卖；前者属于必需，是值得称道的，后者似乎应当接受谴责，因为它采用一种不合乎自然规律的方式从他人处获利。至于最该憎恶，最有理由谴责的是高利贷，此法不是通过交易获利，而是依靠交易过程中的介质金钱本身。钱财的本能是用于交换，而非获取利息。这种以钱生钱、以利获利的方式被用于钱的繁衍，正如所谓的儿肖其亲。因此在所有致富的方法中，最不合乎自然的，莫过于此。

章十一

关于致富方式的理论前面已讲得足够多了，接下来我们讨论致富技术的实际运用。对于这类问题不能纸上谈兵，不仅要在理论上研究透彻，还要注意结合实践和经验。目前应用的致富方法是：首先，关于喂养牲畜的经验——我们要懂得哪个种类回报最多，例如马、羊、牛还是其他，在哪个地方养获利最大以及怎样获利。人们应当知道，养哪些动物最为合算，在哪些地方养最能获益，不同牲畜适合不同的牧场。其次是农业劳作，它包括农耕、种植、养蜂、养鱼以及饲养家禽和其他对人有益的动物。这些正是致富之道中的最早形成的基本部分。另外，在交易所涵盖的分支中，最为重要的是商业（它包括航海、货运及出售，三者之间，互不相同：其中一种比另一种或更加安全，或收益更大）；其次是高利贷；再次是雇佣，其中，拥有一技之长的人被聘为技工，另一些人则只能出卖劳力。第三种致富之法介于上述两种之间，包含自然方式和交易方式的各类要素。这些行业从地层中掘取有用的东西，例如采矿；或者依靠土地中长出来的东西获利，此类东西不是果实，但仍然有利可图，例如伐木。而采矿本身又因从地下开采出的东西种类多样，所以不得不分为若干门类。关于致富之道，我已经讲了个大概，从实际上来看，一段简短的分析更胜于长篇累牍的讨论。

那些最不凭运气运作的行业必定是最有实力的，那些对身体伤害最大的行业必定是最卑贱的，那些使用最多劳力的行业必定是最辛苦的，那些最缺乏美德的行业必定是最无耻的。

关于这些问题已有许多人做过论述，例如帕洛斯岛人嘉里斯、利姆诺斯岛人阿波罗多洛，他们就农耕和种植问题有过论述，另一些人则对其余分支有所研究。关心此类问题的人可以参考他们的著作。如果可以将有关于人们如何致富的零零散散的故事编汇成册，对于重视致富之道的人们会极有益处。有一则关于米利都人泰利斯如何致富的逸事，其中有一条普遍适用的准则，因为泰利斯以智慧闻名于世，人们便把这个故事归于他的名下。作为哲学家的他曾经因贫困而备受指责，人们讥讽哲学无用。于是，某年冬天的时候，泰利斯利用自己所学的星相学知识，预测到来年橄榄定会大获丰收；所以他仅用不多的一点钱作为定金，付给希俄斯和米利都的榨油坊，由于无人与之竞争，他以极低廉的价格租到了全部榨油设备。当丰收季节来临，一时间人们纷纷需要榨油机，于是泰利斯以自己乐意的价格将榨油设备出租，因此获得了极为可观的利润。他向世人证明了哲学家并非不懂得赚钱，只是自己的志向不在于此罢了。这个故事意在显示泰利斯的智慧，但——我也说过——他致富的方式具有普遍适用性，这恰恰就是制造垄断。作为一种常用手段，当一些城邦缺钱时，它们所做的事情就是垄断供给。

有个西西里人，因为家有闲钱，便大肆购进从铁矿中冶炼出来的铁；过了一段时间，当各地商人前来西西里采购时，他成了唯一的供货商，没有过分地抬高价格，他就获得了百分之二百的利益。后来此事被狄奥尼修斯知道了，他认为这个西西里人的赚钱方法有损于政府的利益，于是他告诉此人，要想保住自己的财产就必须离开叙拉古。西西里人与泰利斯的发现一样，他们都为自己创造了一种垄断方式。政治家也应当熟知这类知识，因为相对于家庭，国家常常需要更多的财富，更需要如此致富的良方，所以一些公众人物专门致力于国家财政。

章十二

至于家务管理，分为三个部分——其一是我们已经讨论过的主人对奴隶的管理，其二是父亲对子女的管理，其三是丈夫对妻子的管理。我们知道丈夫和父亲各自统领着妻子和子女，虽然他们统领的对象都是自由人，但其管理方式略有差别：对子女的管理近于君主制，对妻子的管理近于共和制。虽有例外，但男人在天性上比女人更适合发号施令，这就像年长者或成年人比年轻人更为成熟和稳重。在多数共和制国家里，一切公民生而平等，不分高低贵贱，轮番执政。但是，一旦有人统治，其余人被统治，那些当政的人便力求在外表、言语、礼仪上表现得格外不同，这使人想起了阿马西斯关于脚盆的妙喻。类似的男女关系永远如此。父亲对子女的统治是君主式的，这不仅是出于关爱，还由于年龄的长幼之分，其所体现的是君主式的权力。荷马曾恰当地将宙斯比作“众神和万民之父”，因为他确实是所有神及人的王。作为君王，必然高居万民之上，但他也应当出自与他的臣民相同的族类，这种情况等同于父子关系、长幼次序。

章十三

因此，确切来说，家务管理更看重人事，而非物质；更看重人的美德，而非所谓的财富；更看重自由人的品性，而非奴隶的德行。这里我们有必要首先谈论这样一个问题，即一个奴隶在作为劳役的工具之外，是否还有诸如克制、勇敢、正义这一类美德；还是说奴隶身上就只有劳役的特点。我们很难回答这个问题，因为总是存在着相反的情况，若说奴隶们都有德行，那他们和自由人又有什么不同？另一方面，人都具有理性，若说奴隶们毫无德行，那大概是极荒谬的。妇女和儿童也存在相同的问题，是否这两者都具备一些德行：妇女是否可称克制、勇敢和正义，小孩又可否称为克制或放纵？一般来说，我们可以提出这样的问题，即天生的统治者和天生的臣民拥有相同或不同的德行。如果两者都天生平等，天性高尚，那为什么总是一方在治，另一方被治？我们也不能说这是高下之分，因为主奴之分是不同种类间的差别，而非程度上的区别。然而，认为一种人是必需，而另一种人则不必需的想法是多么荒谬！如若统治者自身不能克己奉公、正义自持，他又怎么能实行良好的统治？如若臣民全都放纵不羁、违法乱纪，他们又如何很好地服从统治？既怯懦又放纵的人怎么可能恪守本分？由此可见，天生的统治者和天生的臣民必有某种共同的德行，但是这种德行本身并非始终如一，类似于天生的臣民本身也会发生变化一样。灵魂的构造向我们表明，在它的本质中包含两种因素，其一为主导因素，其一为附属因素，各自对应不同的德行，其中符合统治者的德行便是理智，符合服从者的德行便是非理智。这条原则普遍适用于其他方面，因此几乎自然界的一切事物都存在统治与被统治的法则。但是这些统治法则各有差别，主人对奴隶的统治不同于丈夫对妻子的统治，也不同于父亲对子女的统治。虽然已然证得灵魂的各个部分存在于所有人中，但每个人所拥有的各个部分的程度却不相同。奴隶并无审慎能力；妇女具备审慎能力，却无权威；儿童也拥有审慎能力，但不成熟。同样，所有人都具有道德品质，但因其职能不同，道德品质的程度亦不同。所以，就统治者的职能而言，他绝对应当具备一种完美的品性、主人的技能，这就是理智。而另一方面，作为服从的臣民，他们仅仅是需要与各自职务相匹配的自然德行即可。虽然，人人都具备道德品质，但就男女而言，他们身上的克制、勇敢和正义等品质，如苏格拉底所说，也是不同的。男人的勇气表现在指挥、领导方面，而女人的勇气则表现在服从、遵守方面。对于其他品质，亦复如是。仔细观察，我们便会发现，那些口称所谓道德品质即诸如心灵善良、举止端庄之类的，不过是自欺欺人、自圆其说，不值一谈。按照高尔吉亚的方法，简洁地列出各种道德品质，要比那些泛泛空谈恰当得多。所有阶层都有自己的特质，正如诗人在谈到妇女时说："娴静是女人的美德。"同样的品质却不能用在男人身上。儿童尚未成熟，所以儿童所表现出的品质，不仅与自身有关，还与他的师长、父辈有关；同理，奴隶的德行与主人密切相关。我们定义，使用奴隶是为了满足生活的欲望，因此，奴隶所要具备的德行，只需满足其不因胆怯而失职，不因缺乏自制力而懈怠即可。

有人或许会问，如果工匠们常常因为缺乏自控能力而坏事，那么他们不需要某些德行是否正确呢？然而，奴隶与工匠之间的区别还是很大的。奴隶承担着照顾主人的生活起居的义务；工匠因为某种技术被雇用，但他与雇主的关系不是那么紧密，他所承担的也只是与雇工的身份相匹配的职能而已。卑贱的技工制度中虽然含有特定成分的奴役制度，但制鞋匠以及其他工匠却并非真正的奴隶，真正的奴隶是天生的。作为家主，既要懂得下达命令、指导奴隶完成各自的任务，又要训练教导、培养他们应有的德行。那些不同奴隶交谈，只会发号施令的人的错误即在于此，因为奴隶比孩童更需要教导。

这个问题到此为止。关于夫妻关系，父子关系，他们的若干品质，交流过程中的善与恶、是与非，以及怎样才能趋善避恶等问题，将在谈论政体类型的时候再行论述。家庭是城邦的部分，这些关系存在于每一个家庭，部分的品质关系到整体；对于妇女和儿童的教育必须着眼于城邦，他们的品质将会影响到城邦的品质，他们一定会产生影响，因为孩子长大便成了公民，而城邦里一半是女人。

关于这些问题，已经说得够多了，其余的我们他日再做探讨。此处的研究就此结束，接下来是一个新的话题。首先，我们不妨看一下与“完美城邦”相关的诸种理论。

第二卷

章一

我们的目的是思考哪种形式的政治共同体才是最能实现人们所向往的美好生活的工具。因此，我们需要广泛考察各家政体形式，全面研究现存的行之有效的模式以及一些备受推崇的相关理论。如此一来，好的部分和有益的部分便清晰明了了。世人应当明白，我们寻求一些更为深奥的东西，不是为了显示才华，也不是为了炫耀智慧，从事这种研究，只是因为我们所熟知的所有政体都存有一定的缺陷。

我们就此问题的自然开端入手，政体的构成方式正如以下三种之一：各个成员之间要么共享一切，要么任何事物都不共享，要么有些事物共享，有些事物不共享。它绝不可能是上述的第二种情况，因为政体是一种共同体，其中必定有一个共同的场所——一个城邦地处某地，它的公民便是共同享有这片场所的人。但是，一个井然有序的城邦是应当共享一切，还是应当部分共享、部分不共享？每一个公民都有妻子、儿女和财产，柏拉图在《国家篇》中说到苏格拉底主张一切公有。那么，到底哪种方式更好呢？是保持现状更好，还是创造一种新的社会秩序更好？

章二

若要建立妇女公有制（公妻制）必然会困难重重。苏格拉底所坚持的这种制度，在原则上没有充分的理由。再者，这种制度作为实现目的的一类工具，虽然在他设想的城邦中必不可少，但在现实中是没有办法实行的。并且，人们又该如何去理解这个观念，他也没有做出相关说明。我现在所说的乃是苏格拉底政论的前提，即“城邦愈趋向一致愈好”。但是对城邦来说，有了这种高度的一致性，它还是城邦吗？城邦的本质原是多元化，一旦它开始单一化，这难道不是从城邦到家庭再到个人的逆向转化吗？因为就单一性来说，家庭必定高于城邦，个体又必定高于家庭。如此，即使条件允许，我们也不应当实行这种高度的统一，这将意味着城邦的毁灭。再者，城邦这个共同体是由许多人组成的，而且还是各式各样的人，完全类似的人无法组建成一个城邦。城邦不同于军事联盟，后者主要是靠数量取胜，而非属性类别（它们的目的只是在必要时能相互支援），这就像是哪方重量重，就往哪边倾斜一样（城邦是不同于民族的，民族不要求它的公民散居乡下，而是要过阿卡迪亚人式的生活）。组成统一体的元素在形式上有所不同。至于取偿原则，我在《伦理学》中业已说过，它是维系城邦的基础。即使是自由人及同等公民也必须掌握此种原则——在同一时间，他们不能同时执政，必须遵守一定的秩序，一年一换，或是几年一换，轮流担任。最终，每个人都成了管理者。这就像是鞋匠和木匠互换了职业，一个人不再永远干同一种工作。政治最好也这样。当然，有的人或许会一直保有某项权益，但是基于公民天生平等的原则，这种说法不可能成立，共同享有治理权才是公民的正当权益（无论从政是好是坏），尽可能地像这样，人人轮流，在退休之后亦能享有平等待遇。因此，要保持经常更新和轮换，一部分人实行管理，另一部分人服从管理，这样就不会导致一些人永远居于同一职位、干同样的工作的局面。所以，城邦并不像个别人宣称的那样在本质上是一体化的，他们所谓的最好的方式实际上是对城邦的毁灭，而能使之得以保存和延续的才是最优的。再者，换句话说，极度的统一对城邦并非有利。我们都知道家庭比个体更容易自给自足，而城邦的自给自足能力则更要强于家庭，只有当一个共同体能够自给自足时，城邦才会形成。如果自足即公民的愿望，那多元的社会比单一的社会更能实现此愿望。

章三

就算我们假设高度统一化对一个共同体最为有利，也绝不可能通过全部的人在同一时间对同样的东西说“这是我的”“这不是我的”的方式，来证明苏格拉底所设想的完美一致是城邦的标志。“全部的”的含义模棱两可。若说这里的意思是让每个人在同一时间说出“我的”和“不是我的”，或许某种程度上，这确实是苏格拉底所追求的结果。每个人称同一个人“我的儿”或“我的妻”，对财产和所有属于自己的东西全这样做。但这和共有妻儿的情况自相矛盾，一切东西都被公有，哪还会存在“我的”？他们所指的是“全部”意义上的“我的”而不是“单个”意义上的。他们的财产也不再是私有，而是公有。“全部的”这个词用在这里显然是荒谬的，类似的“两”“奇”“偶”等词的含义都是模糊不清的，甚至还会扰乱逻辑思维。全部的人都称同一件事物为“我的”，或许是好的，但这并不符合实际情况。即使人们是在另一意义上使用这类词汇，这种一致性也未必真能导致城邦的和谐。这个提议还有另一种缺陷。关系到越多人的事件，却越少有人关注。每个人考虑自己的利益总是胜过考虑公众的利益。即使偶尔顾及，大概也因为此事牵扯了个人的利益。除此之外，一旦人们期望的是假他人之手完成某事，他们就更可能漠视自身的职责。就家庭的情形而言，大概成群的奴仆还不如只有一两个得心应手的奴仆更加有用。如果每个公民都有上千个儿子，而且谁都不只是他的儿子，任何人都均等地成了任何人的儿子，那所有人都得不到关心。依照这个原则，每个人在对一个健康的小孩或体弱的小孩说“我的”的时候，他自己也不过是整体中的一小部分。同一个孩子将既是他的孩子，也是其他人的孩子，是千万人的孩子，还是全体公民的孩子。甚至他对此还不能确定，因为他不可能知道，谁恰好为他生了一个小孩，或者，即使生了，又是否存活了下来。哪种使用“我的”这个词的方式更好呢？是使得一个人同两千个人或者一万个人具有同一种关系这种方式，还是更为严格的如我们平时的方式？通常某人被一个人叫作儿子，被另一人称为亲兄弟或者堂兄弟或者亲属，这是因为他们之间有血缘关系或姻亲关系，有些是他自己的亲戚，有些是他亲属的亲戚，还有的是他的同宗或同族，比起成为“柏拉图式”的儿子，人们当然更乐意是某人的堂兄弟。实际上，在上述情况中，还是有可能知道自己的兄弟是谁，儿子是谁，父母又是谁。因为子肖其亲，人们定能在他们身上找到些相似之处。地理学家称，世上确有此事。据说在上利比亚的某处，妇女公有，但是那里诞生的婴孩却能各凭相貌找到生父。一些妇女及一些雌性动物，例如母马和母牛，拥有一项极强的能力，它们孕育的后代酷似其父母亲，被称作“忠诚的妻子”的法尔萨莉亚的母马便是一个很好的例子。

章四

提倡这类共同体的人们还会遭遇更为复杂的诘难，譬如蓄意或无心的伤害、杀戮、争执和诽谤，其中任何一项，一旦被用到父母或亲戚的身上，便是穷凶极恶的行为，而只要针对的不是这些亲属，似乎罪过就没有那么严重。在不清楚关系的情况下，这些罪恶更容易发生，而且在发生以后，也不会受到加倍的惩罚。再者，苏格拉底在把所有孩子变为公有之后，禁止了所有情侣间的肉体交流，却没有禁止父子、兄弟之间的亲昵、爱恋，这是何等奇怪啊！比起那些既庄重又体面的行为，过度地亲昵，即使没有发生任何肉体交流，也是不正当的。同样令人困惑的是，初衷是为了防止人们过度享乐而禁止肉欲行为，结果却使得父子关系或兄弟关系名存实亡了。

这种共妻共子的共同体，看起来只适合于农民之间，而不适用于卫国公民。如果他们共有妻子和儿女，那么他们之间的纽带便会变得薄弱，也就有利于服从统治，不会犯上作乱。总的来说，这种制度的结果同良好制度应有的结果刚好相反，苏格拉底对妇女和儿童制定准则的设想也自相矛盾。我们知道，解决暴乱的良方是友爱，所以，人人相信城邦追求的至善是友爱。苏格拉底宣扬城邦的一致性，他自己曾说，这样的共同体，只有通过友爱才能得以构建。但他所向往的一致性，类似于《会饮篇》中的情侣，犹如阿里斯托芬的描述，渴望融为一体，为着炽烈的激情。在这样的结合中，实际上双方都已消失。但是在共妻共子的城邦中，这样的感情将会减淡，父亲不会说“我的儿子”，儿子也不再说“我的父亲”。当少许甜酒被掺入大量的清水后，就几乎尝不到甜味了，同样，在这种形态的共同体中，相应的成分没有改变，但实质上关系已经不同。所谓的父子之间不存在相互关心，所谓的兄弟间也没有了情谊。一件物品想要引起人们的关注和照顾，必须具备两个要素，一是它是你的所有物，一是它是你所仅有的，而恰恰这两点，在这样的城邦中都不存在。

无论孩子诞生于哪一个阶层，出身于农民、工匠或卫国公民家庭，想要变更其出身都是极为困难的。经手人当然知道这其中一切。而我们之前所提到的，诸如伤害、乱伦、杀戮等罪行，在这些沦落为低等阶层的人中更容易发生。他们离开了原本的阶层，不再互称父子、兄弟、母女，这样脱离了亲属关系，那些破坏伦常的罪行便不可怕了。关于共妻共子问题的讨论就到此为止。

章五

接下来我们讨论财产分配的问题，理想城邦的居民是否应当共享他们的财富？作为一个独立的问题，无须涉及妇女和儿童，我们就照现行模式，假定妇女和儿童归于私有，那么共享一切财产是否有利？这里有三种情况：一是土地私有，粮食归公，某些部落实行的就是此种制度；二是土地公有，同耕同种，按需分配，据说这种情况也可见于某些野蛮民族；三是土地及其产出一切共有。

如果农民不是所有者，这种情况虽然不同但是相对简单，若农民是在为自己耕作，所有权的问题便会十分棘手。如果他们不能公平地分担收获和辛劳，那些多劳少得的人一定会埋怨多得少劳的或消耗过多的人。对那些共同生活、共同劳作的人来说生活本就不易，若将财产共享就会更加困难了。以结伴旅行的人为例，他们常常为旅途中的琐碎事情争吵甚至闹得不可开交。关于仆从也是这样，通常最易惹人发怒的仆人都是在生活中与主人接触最频繁的。

以上所列还只是财产公有制中出现的一小部分不利因素，就现行的方式而言，若以良好的法规加以改进，就更完善了，对两种体制都有好处。在某种意义上来说，财产应当公有，但通常都确属私有，假如每个人都可从不同的地方获益，就不会有人抱怨他人，并且人人关注自己的事业，他们的各方面将因此获得更大的改善。基于实际中的运用以及对善意的遵从，谚语有云，“朋友共有一切财物”。即便是现在，这种风潮依然可见，在某些秩序井然的城邦中，它也将在未来得到充分施行。尽管，人人都拥有自己的财富，但他会将一些东西交由朋友支配，同时也会和朋友分享使用其他东西。拉栖代梦人（古斯巴达人）就是这样，随意地使用别人家的奴隶、马、狗；若遇旅途饥渴，他们可以随意到附近的庄园里寻求补给。事实证明，财产私有、使用权公有的制度更为适宜，而立法者的主要任务就是使人们更多地倾向于这类仁善。再者，人们一旦意识到某一事物为己所有，便会十分兴奋。人的自爱出于天生，而非徒有之物，尽管自私应该被谴责，但所谴责的不是自爱的天性而是那超过限度的私心，就像守财奴爱钱；当然，几乎没有人不爱这类东西。为朋友、客人或伙伴提供帮助之后会感到莫大的喜悦，而这首要的前提就是拥有私有资产。但是在高度一致的城邦中，这种优势不复存在，另外两种品质——对于妇女的克制（回避他人的妻子是值得尊敬的行为）、对于钱财的慷慨——亦会随之消失。在一切公有的城邦中，人们就不可能表现得慷慨，甚至无法做出慷慨的行为，因为慷慨属于利用财富的范畴。

这是一种披着仁善的迷人外表的立法。人们很容易就会听从它，对人人都可以成为彼此的至亲好友深信不疑，并且为那样的情谊感到愉悦，尤其是听到现世的种种罪恶，如违反契约、做伪证、向富人献媚等都被说成源于财产私有制，就更加高兴了。这些罪行，实际上全都来自人类本性中的邪恶。我们可以清楚地看到，那些存在于财产公有制社会的人事纷争，远比发生在大多数生活于私有制下的人们之间的争执要多得多。

我们应当考虑的不仅是如何减少犯罪，还应考虑人们在其中失去的好处。而那样的生活几乎是不切实际的。苏格拉底的错误就在于他坚持的论断的前提是错的。从某个角度来看，家庭和城邦都需要一定的一致性。但若是这种一致性超过了某个限度之后，城邦就不再是城邦了，或者说已然名存实亡了，就像是和声变为齐唱，节奏压缩到只剩节拍了。我说过城邦是一个多元的集合，只有依赖教育才能使之成为一个共同体。奇怪的是，教育系统的制定者本意想为大众创造习得品质的场所，现在却忽略了哲学、习俗和法规，而一心主张采取财产公有的方式，这类似于在斯巴达和克里特盛行的共餐制，立法者借此达成了财产共有的目的。我们不能忽略历史的经验，经过了许多年代，若它们是有益的，人们不可能对此一无所知。何况几乎所有的事物早就被发现，只是并没有被汇聚成册而已。有些虽然已经为大家所知，但并没有付诸实行。如果能在历史的进程中找到某些类似的政体结构，那么我们便能够一目了然其中的利弊了。立法者若不将共餐制这一要素分到各个联合体、各个宗族、各个部落，那么政体就无法构建。然而这种立法仅仅是禁止卫国公民务农，早在斯巴达人那里就推行过了。

苏格拉底从未说过，也难以说清这种共同体城邦的一般形式。在城邦中卫国公民以外的人占多数，对于这部分人，他也没有给出相应解释：对于农民，是否应该把财产归公？还是继续私有？对于他们的妻儿家眷，是归于公有还是私有？如果农民也同卫国公民共享一切，那么农民和卫国公民又有什么不同呢？他们服从国家的管制又能得到些什么呢？或者又以什么作为服从的原则呢？除非统治阶层采取克里特人的政策，给予奴隶同等的制度和权力，只是禁止他们进行体育锻炼和占有军事武器。另一方面，假设低等阶层照现行制度对待婚姻和财富，这个共同体的形式又会是什么样呢？会不会存在着两个互相对立的城邦？它使得原本是保家卫国的士兵成了侵占别人领土的卫戍军，使得农户、手工业者以及其余的人成了真正意义上的居民。不仅如此，苏格拉底所谴责的现行体制中的一切罪行，诸如诉讼、争执等照样会发生。他的确说过，接受良好的教育，公民将大大减少对于市政条令、市场规定等法规的依赖，但是他却把这样的受教育群体局限于卫国公民。他还以缴纳赋税的多少划分农户所有。这样，那些农民就会比赫洛特或卑奈斯泰，或其他地区的农奴难以管理得多。至于低等阶层是否该同上等阶层一样把妻子、财产归为公有，以及拥有他们在政体、教育、法规中的地位或权益，苏格拉底都没有逐一说明。虽然这些细节很难考察，但是要想保证卫国公民的共同生活还是不容忽略的。

再者，若苏格拉底认为财产私有可行，认为妇女应该公有，男子下地耕作，谁负责料理家务呢？若农民把财产和妻子都归公将会怎样？把动物和人作比，认为男女应该做同样的事、干同样的活、有同等的追求也很荒谬，因为动物不需料理家务。在苏格拉底所坚持的政体中也存在着一定的危险。他使得一些人永远拥有执政权，这可能会使卑贱者频繁发动暴乱，如此一来，对高傲的战士们来说，岂不是更加难以容忍此种制度吗？那些永远的统治者的特殊之处在于，神在为人类铸造灵魂时并没有将灌入灵魂的金子此一时给某人，彼一时又给另外的某人，而总是给予同一部分人，“神用黄金铸造了一些人，用白银铸造了一些人，用铜和铁铸造了工匠和农民”。他还认为立法者必须以所有公民的幸福为重，却剥夺了卫国公民的幸福。全体的幸福是建立在绝大多数或部分幸福之上的。幸福原则不同于数学原则，后者只存在于整体中，而不存在于局部。若说卫国公民都不快乐，那谁能快乐呢？肯定不会是工匠或贫苦大众。关于苏格拉底的理想政体“理想国”的种种问题讨论到此为止，其他的不再一一列举了。

章六

柏拉图的晚期著作《法律篇》也存在相似的问题，我就其中所提出的体制做了大致的考察。在《国家篇》中，苏格拉底仅提出了为数不多的几个问题，如妇女儿童的公有、财产的公有以及城邦的政体模式。人们被划分为两大类，一类是农民，另一类是士兵；后一类又可以分化出可称“第三类”的城邦的议事和统治团体。但苏格拉底并没有明确说明农民和手工业者是否享有参政议政的权利，是否应当承担保家卫国的责任——他的确说过妇女应当接受军事教育，与男子并肩作战。该书的其余章节广泛地谈论了国防教育的问题，常常伴有无关主旨的闲话。在《法律篇》中，除了关于法律的主题外，很少谈及整体等问题。他原本设想的是建立一个更为普遍切实的政体，却渐渐转换成了另一形式。除了妇女和儿童的公有制外，他还设想两种政体中的所有事物都相同，人们接受相同的教育，无人必须从事低贱的工作，施行共餐制。唯一的不同是《法律篇》中妇女也能参与共餐制，士兵的人数从《国家篇》中的一千人增加到五千人。

苏格拉底的对话录辞章简洁明了，优雅而富于创见，但依然有其考虑不周的地方。想想他设想的五千人数的士兵吧：若他们完全脱离生产性工作，再加上其妻儿及奴仆，供给这样庞大的人口需求必须要有甚至比巴比伦更加广阔的土地了。在对待理想时，我们可以各抒己见，但还是要避免不切实际。

据说，立法者最应关注的两点是公民和城邦。但是城邦作为一种政治体却不能隔绝于所有邻邦而单独存在，所以国家之间的关系也非常重要。譬如，城邦必须拥有既能安内又能远征的军事力量。虽然对个体或城邦的日常事务来说这些像是无关紧要，但一个城邦总该保持足以震慑敌人的力量，才能做到进退有据。

我们还应考虑财产的数额，可否用一种不同的方式对其进行限定呢？苏格拉底定义一个人的财富应以满足基本生活为宜，他提倡的节制生活概念过于宽泛。而且，节制的生活可能就是贫穷的生活。更确切的定义应当是，一个人的财富能足够他过上既节制又宽裕的生活。而一旦这两者分开，宽裕便成了奢侈的代名词，节制也意味着寒酸。唯有既宽裕又节制才是处理财富的适宜品质，财富欲望过强或过弱都是不恰当的。不限定人口的数量而将财富平均分配，这种做法是前后矛盾的。对于新生人口不加节制，仅凭现有发现就推定婚后未育定然可以平衡婚后多育的人口数量，他认为城邦人口的现状就是如此。无论公民人口是多少，财产总会分给他们，没有人会感到不足。但是若财产不按照《法律篇》中所拟定的方式分配，那些超出的人口，无论多少，都无处另得财产。设法限制人口的数量比控制财产分配更为急迫，统计婴儿的死亡率和已婚妇女的不孕率即可得出具体的人口限额。现有诸国普遍忽略了人口问题，从而导致产生了大量的贫穷人口，而贫困又是暴乱和犯罪行为的根源。古代法学家科林斯人菲登认为，家庭和公民的数额应当相符，尽管在起初并非如此。但《法律篇》却持相反观点。至于我们的改进意见，稍后再议。

《法律篇》中的另一个疏漏是，苏格拉底未曾指出统治者和臣民之间具体的不同之处。他只是说他们就像经线和纬线，是由两种不同的羊毛编织而成。他允许一个人的财富增加五倍，却没有说明为什么在地产方面不允许增加。他还规定每个人可以拥有两处分离的房产，但是生活在两栋不同的房屋中是很难管理家务的。

这种政体既非民主政体又非寡头政体，而是一种介于两者之间的所谓“共和政体”，其公民皆为且仅为配备重装备的护卫者。假若他的意图是创建一个适合于大部分人的城邦体制，那是极有益的；若他认为这种体制不过是最接近最优政体的初步设想，那就错了。人们宁愿选择采取斯巴达或其他接近贵族政体的形式。有人说最好的体制即结合了所有现存体制的体制，他们推崇斯巴达模式，就是因为它综合了寡头制、君主制以及民主制等诸种政体的优势。君王代表君主政体，长老会代表寡头政体，由民间选举产生的监察官则代表民主政体。但有的人认为监察官是一种僭主政体，只有在共餐制和日常生活中才可能见到真正的民主政体。《法律篇》中提道，最好的政体是民主政体和僭主政体的混合体。然而这两者根本就不算政体，或者说只能算是最差的政体。那种由多种形式组合成的政体才是最合乎实际的。因为包含要素越多的政体就越优质。而在《法律篇》中却根本就没有提到君主制，它所陈述的只有寡头政体和民主政体，并且更偏向于寡头政体。透过它的行政人员任命制度便可窥见一斑。起先是投票选出候选人名单，然后再通过抽签的方式最终决定。虽然确实结合了民主政体和寡头政体，但是法律强迫富人参加选举大会，投票选择行政人员，履行其他政治事务及义务，而普通百姓则完全无权参与其事。行政人员只从富人中选拔出来，最高级的官僚则出自最富有的那部分人，这些都是寡头政体的特征。同样的寡头特征也存在于议事会人员的选举中。虽然全体公民都被要求参加选举，但此种强制规定仅限于选举第一等级和第二等级同等人数的预选活动；在进行第三等级选举时，除了前三个等级必须参加外，不强制第四等级参加；而在选举第四等级之时，第三、第四等级就都不强制出席了。柏拉图认为所有的名单中每个等级选出的人数应该等同。这样，由于有些低层等级自动放弃了选举机会，那些拥有大量资产或较高阶层的选举人便占据了更多优势。上述分析以及我们论述相似政体时将要提到的其他情况，可以说明君主政体和民主政体的混合体并非理想的政体。任命行政人员的预选和复选制度也存在着一定的缺陷；因为有些群体，尽管人数不多，但一旦联手，便可掌控局势并赢得选举。这就是《法律篇》中描述的政体。

章七

另外还有一部分人，或个人，或哲学家，或政治家，提出了一些不同的政体形式，这些政体都比柏拉图的理想机制更接近既有的政体。他们中没有人谈到过妇女儿童公有或妇女参与共餐制这类罕见的措施，所有立法者都是从实际出发的。有些人把人世间产生争执及暴乱的原因归结为财富问题。卡尔西登的费勒亚斯最先提出通过均分财富的办法预防这种危机。他认为在一片新殖民地区实行均分制要比在既有的国家里推行容易得多。另一个更为快捷的方法则是在操办婚嫁时，富有的那方只出陪嫁不收彩礼，而穷困的那方只收彩礼不出陪嫁。

正如我们所提到的，柏拉图在《法律篇》中认定公民财产可以适度增加，但是最多不得超过原有数额的五倍。那些制定此类法律的立法者不应当忽视被他们抛之于脑后的事实，即限定财产的同时还应该控制各家子女的数量，一旦子女人数超过财产的承受限度，法律就将失去作用。有部分民众因家道中落而沦为穷苦大众，这些处于不幸中的人们除了违法乱纪之外，还极有可能引起社会暴动。财富均分制给政治团体带来的影响，即使是古代的立法者也看得一清二楚。梭伦同他人制定过一项法律，禁止人们肆意占有过多的田地；另外还制定了一些法律禁止人们买卖财产。在洛克里城就有这样的禁令，若不能准确证明曾经遭受重大损失，个人不得进行财产买卖。有的条令旨在保护各户家业。以琉卡斯岛为例，因为其漠视这种法律，导致政体过度平民化，治理者的阶层也不需要原来规定的资格了。在实行均产制的地方，财产数额要么过大，要么过小，相应的居民要么生活铺张，要么境况拮据。据此，立法者不能孤立地推行财产均分制，还应适度地拿捏财产的数量。而且，即使他规定所有人只能享有同等数额的财富，也不可能顺利实现目标。人类的欲望总是比财富更需要均衡，如果法律不能保证足够的受教育机会，那这也仅仅是空谈而已。可是，费勒亚斯可能回答说，这正是我的意思。他认为城邦中个人所享有的财富和受教育机会都应均等。但是，他需要确切地向我们表明他的观点。同样的教育并不一定导致同样好的结果，而或许是使人贪得无厌，或许是追名逐利，也或许是兼而有之。再说，城邦的纷争不仅是因为财富的分配不均，还可能是名誉的失衡，尽管这些争端来自一个恰好相反的方面。普通大众为钱财不均发生争执，上层人士因名分相同而恼怒。就如诗人所说：

面对名利人人相似。

有些犯罪是迫不得已而为之，对此费勒亚斯希望通过平均财产来寻求解决，这样便可避免有人或因饥寒交迫而盗取别人财物。但是短缺并非唯一的犯罪动机。在温饱得以解决之后，人就开始贪图享乐，为了满足这些欲望，为了不使自己陷入思而不得的痛苦之中，为了寻欢作乐，他们就犯下了某些罪行。

那么有什么法子能够调节这些失常呢？第一，平衡相应的财产和职业；第二，养成克制的习惯；第三，世人的欢愉莫不倚赖于他人，倘使人能自足，便会发现只有哲学才是唯一的慰藉。罪大莫过于贪婪。人并非因为缺衣短食就成了僭主，伟大的荣耀也不会授予杀死小偷的人，而是授予推翻暴政的人。所以，费勒亚斯的方法只适用于防范轻微的罪行。

关于这些法规尚有一点值得议论。它们主要是为了推进城邦内部福利而制定的。但是立法者也该考虑到国邦之间的邻里关系。政府的成立必然涉及军事力量，关于这点他却完全没有提到。至于财产，既要满足城邦内部的渴求，也要能应付战时军备所需。在没有足够力量抵御外敌时，一个城邦的财产既不能多到引起强国的垂涎，亦不能少到无力支撑一场同实力相当的他国展开的对战。对于这一点，费勒亚斯没有提出任何建议。但是我们可以相信，大量的财富并没有坏处。

财富最好的限度或许是：既不会因为财富充裕而为强邻所欺，也不会因为财富贫乏而为战争所累。曾经有这样一个故事：当奥托弗拉达特引兵围攻阿达琉斯时，尤比罗斯对他说，您或许应当考虑一下围城所需时间以及这段时间的开销。他说：“我愿意将阿达琉斯让与您，如若您能付给我哪怕是少于攻城所需的费用。”此话打动了奥托弗拉达特，于是他便放弃了攻城。

平均财产固然可以防治民众争端，但效果似乎不大。贵族阶层对此深感不满，他们认为自己应得的名誉比平均分配而得的要多得多，于是，因为这样或那样的不公，常常发生骚动和暴乱。人的罪恶即贪婪，开始时用两个奥布尔的津贴就足以打发了，一旦习以为常，贪欲便永无止境。欲壑难填，这是人的本性，而大多数人的生活也仅仅是为了满足个人欲望。变革之初，除了要注重财产的平均，更要教导高尚的人知足，遏止下等人的贪欲。换句话说，就是要对他们实施控制，而不是进行虐待。费勒亚斯设想的均产制度并非完美无缺，他单指提议平分田地，忽略了人所拥有的奴隶、家畜、金钱以及那些所谓的动产。对于所有的这些，要么一切平均分配，要么加以一定的管制，要么就任其自由发展。显然，费勒亚斯当初只是在为一个小城邦立法，这些规定不具普遍适用性，他定义所有工匠都是公共奴隶，不属于公民团体。若法律也是这样承认，那么工匠就只能从事公共事业。在爱庇丹努斯曾有过相关法规，在雅典，狄奥芬托也引进过类似条令。

经过以上分析，人们便可以看出费勒亚斯观点的正误了。

章八

米利都人欧吕丰的儿子希波达莫斯是第一个发明城邦规划技术的，他还为比雷艾夫斯港完成了道路设计。他是一位奇特的人。因为爱好奇特，行为怪异，见之者莫不以为其矫揉造作（他常以披肩长发佐以盛饰的形象示人，加之终年不分寒暑地粗布裹体）。他学识渊博，还是非政治家中第一位对最优城邦政体进行研究的人。

他所设计的城邦以一万公民为度，包含三个部分：工匠、农民和士兵。他将土地也分为三个部分：其一是用作祭祀的神殿，其二是提供军需的共有田产，其三是归于农民私有的资产。他还认为法律条文也应分为三类，分别适用于三种刑事诉讼：侮辱、伤害和杀人。他提出单独设立一间终审法庭，用于解决无法受理或判决不当的案子。他建议选任若干长老来担当这个法庭的要职。至于法庭的判决，他认为，不能通过审判员投石的方式来确定，而是应当改用书写板。每一个审判员要求使用一块书写板，当人犯罪的时候，就在板上写出他所犯罪行；若是无罪，就让板上空白；但若有的人部分有罪部分无罪时，就要把其罪行和清白之处一一列出。他反对现行的审判流程，指出无论用哪种方式进行投票，审判员们都犯了伪誓罪。他还制定了一项法规，即对所有有利于国家的发明或发现，给予一定的表彰或表扬。他提议，所有阵亡将士的子女，需由国家承担起供养的职责。他自认为这是一项新鲜的法规，其实在雅典和其他某些城邦早已存在。至于行政人员，他认为当由民众——上述三部分人——选举产生，当选的人负责三类事务：一般性公共事务、外国侨民事务和孤儿抚恤事务。这些就是希波达莫斯提出的政体中的主要部分。

可是这些提议似乎尚存疑问，首先就是公民的三分法。工匠、农民、士兵既然都有从政的权利，但农民没有武器，工匠既无武器又无土地，结果他们都成了士兵阶层的奴隶。所谓的他们能够共同分享政治权利的说法根本就是无稽之谈；将领、军士以及几乎所有的行政官员都是从持有武器的阶层中选拔出来的。如若其余两部分不能参与政府事务，又怎么可能指望他们忠贞为国呢？于是有人就说应该让士兵阶层来统领工农阶层，但前提是士兵的数量必要达到一定程度。再说，一旦士兵人多势众了，其余两部分人何必还需参与行政人员选举？又说，农民对城邦起到哪些作用？每个城邦都需要匠人，他们凭借自身手艺也可过活。至于农民，如若他们确实在为士兵供给粮食，那么他们就该被纳入参政人员中。但是在希波达莫斯的国家里，农民拥有私人土地，他们耕作也是为着自身的利益。还有由士兵掌握的那部分公有田产，若是他们自己耕种，那就与农民无异，即便立法者已经把两者划分开来。除此之外，如若还有一部分耕作者，既不属于持有田产的农民阶层，也不来自士兵，那就会产生第四种阶层，他们无名无分，不享有城邦中的任何事物。同样，如果一部分人既耕种着自家的田地，又管理着公共的庄稼，若要他们提供能够满足两家的供给也很困难。那么，我们为何一定要划分土地呢？为什么农民不能在同一份田产中，获得既能满足自身又能满足士兵的粮食呢？在所有这些问题上，希波达莫斯的观点确实是一团混乱。

他所拟定的关于诉讼的法律条文也欠妥，据此法，即使是一件简单的案子，审判员也必须做出明确的处罚及判决，这样审判员就变成了仲裁者。在实际的仲裁过程中，仲裁员人数众多，他们可以在最后判决前共同商议。此种情况在法庭中却决不允许，并且，立法者为了防止审判员们相互交流花费了大量心血。再者，如若审判员同意原告可以获得一定的损失补偿，那情况是否会转变呢？例如，某一案件，原告要求赔偿二十米那，但是审判官认为应该赔偿十米那（通常是原告要求得越多，结果得到得越少），而还有一些审判员认为应赔偿五米那，另外一个审判员又断定是四米那。这样他们就会对应该全额赔偿还是分文不赔争论不休，最后结果又该以哪个为准呢？其次，关于伪誓罪的定义也模糊不清，对原告一个简单而无差别的申请无论是通过还是否决都不构成伪誓罪。审判员否定原告二十米那的赔偿要求，并不是判定被告完全没有亏欠，他只是认为被告不应该支付二十米那而已。若审判员不认为被告应该支付二十米那，却判定被告有罪，这才是犯了伪誓罪。

谈到嘉奖那些有所创见以利于国邦事务的人士，听起来好像合情合理，但在实际实施中却不见得有益，它有利于变革，但也有可能引发政治骚乱。这还牵涉另外一个问题，人们对改变国家现有体制和法规持怀疑态度，即便能够取得更良好的效果。如果所有改革都是无效的，那么我就不能采取希波达莫斯的方法。一旦有人假公济私，便会给国家和政体带来严重的危害。对于这类问题，或许我们应当详细说明一下。各家观点不同，而变革又实属必须。在其他各种工艺、学术方面也已证明变革的重要性。例如，医疗、体育以及其他种种技术与工艺，都已摆脱了前人窠臼。政治若是作为一门学术，亦必须有相当的变革。人类习俗由古时的简陋粗鄙改进到如今的面貌也可作为变革必要性的有利证据。古时的希腊人刀剑不离身，连娶亲也要通过金钱买进新娘。一些流传至今的法规习俗，如今看来颇为荒谬。例如，在库买就有一条关于谋杀的法规，大意是，如果控告一方能在亲族中指出一些证人，那么被控者的罪名就可以成立。人一般都会择善而从，不完全遵循父辈们的旧制。原始人类，无论是土著还是某次灾难的遗民，都被认为不如当今大众，甚至不如现今的一些愚人（相关传闻的确如此）。如果还要一味地因循守旧，那简直太荒唐了。即使是已经成文的法规也不可能一成不变。正如其他学科一样，在政治学方面，不可能将每一条通例都精准无误地记录下来，毕竟规定只能是一般性质的，而人的行为千差万别。所以我们可以推断，在某些情况下，变更法律是极有必要的。但是从另一个角度来看，我们需要小心从事。轻率的变革是一种罪恶，当变革的好处极为微小时，还是沿用现存法律和统治为好。如果失去了遵从传统的习惯，人们从变革中获得的利益或将无法抵偿变革带来的损失。法律的变更完全不同于其他任何一门技艺。法律不能强迫人们服从，必须通过长时间以来形成的习性来贯彻，也即法律的频繁变更会降低法律的权威性。另外，即使承认法律有变革的必要性，那是否所有的法律、一切城邦都需要变革呢？另外，法律的变更是应当由特定的人士执行，还是任何人皆可肆意为之？这些问题十分重要，我们暂且保留，以待日后评议。

章九

对于斯巴达和克里特的政体形式，或者说所有的城邦制度，有两点必须考虑：其一，参照完美城邦的标准，每条特定的法律是否足够适宜？其二，它的实际状况同立法者在建邦之初为民众设立的宗旨是否相同？大家都承认，通常在一个政通人和的国家里，百姓都拥有闲暇时间，无须为生计烦恼，但是如何得到这一闲暇却是个恼人的问题。帖萨利亚农奴经常反抗他们的主人，斯巴达的农奴同样也会反抗他们的主人，他们心怀不满，巴望着主人破产。同样的情形却没有发生在克里特人身上。其中原因可能在于，即使这个岛的邻国与它相互为敌，但两国之间却从未形成过农奴联盟。各邦国有各自的农奴，且各方利益不同。而斯巴达的所有近邻都是它的仇敌，无论是阿尔咯斯人、梅西尼亚人还是阿卡狄亚人。帖萨利亚发生农奴叛乱的原因是帖萨利亚人始终与他们的邻居阿卡狄亚人、佩哈毕亚人及梅西尼亚人处于战争状态。其次，即使国家处于安稳状态，管理农奴也是一件麻烦事。若不对其严加管教，农奴就会妄自尊大，试图同主人平起平坐；若管教手段过于严苛，他们又会心怀怨恨，难免发生反抗行为。显然，如上事件一旦发生，则说明城邦公民还未掌握管理农奴的诀窍。

斯巴达对于妇女的纵容在实际上也是违背了他们的立法初衷，而且对公众的福利多有不利。一个家庭是由夫妻共同组成的，而城邦也可看成等同数量的男女的结合体；若一个城邦里的妇女素质糟糕，那么我们就可以认为半个团体的公民欠缺法律约束。这样的情况真实发生在斯巴达，立法者原本是想让所有公民都能养成坚毅果敢、节制克己的品质，但他的设想只在男人身上得到了体现，他忽略了妇女，于是她们一直过着奢侈、放纵的生活。崇尚物质财富只不过是这种现象的最终结果而已，特别是那些被妻子主导、穷兵黩武的民族，而凯尔特人和一些公开承认同性恋的民族则是例外。古代的神话家把战神和爱神配成一对，其用意是极深的。一切好战的民族也好色，无论男色或女色。斯巴达人由于好色，在其鼎盛时期，国内许多权力往往落到了女性手中。执政者被妇女控制与妇女在事实上掌握政权又有什么区别呢？结果都是一样的。就如战争中必需的勇气，在日常生活中根本不重要，而斯巴达女人在此事上却造成了最恶劣的影响。在忒拜人入侵的时候，斯巴达女人暴露了自身之无用，大大不如他国妇女，由她们引发的混乱比敌人引发的还要多。斯巴达女人的放纵由来已久，并且有源可溯。在斯巴达人先后同阿尔咯斯人、梅西尼亚人、阿卡狄亚人作战期间，男人出征在外，等到和平时期返回家乡后，他们便打算结束军旅生涯（其间有许多德行的约束），接受立法者的安排，服从法律条文的约束。根据传说，当莱克古斯试图把妇女置于法律约束之下的时候，遭到了她们的抵制，于是他就放弃了这个企图。这些便导致了接着所发生的事情，因而斯巴达妇女的缺点是自己咎由自取。然而，我们提出这些问题，并不是为了批判谁、责难谁，只是为了说明一个是非，即妇女的放纵，就先前所言，不但会给政体造成不堪的局面，而且间接导致了贪婪的恶习。

提到贪婪，自然而然会使人想到对于贫富不均的批判。在斯巴达，一些人贫困潦倒，而另一些人家财万贯，土地因而落入了少数人手中。法治的缺陷造成了这种现象。尽管立法者规定继承者不得非法买卖所继承的田产，但又准允所有者随意赠许，这两种做法会导致同样的结果。几乎全国五分之二的土地都掌握在妇女手中，这是由于盛行的女继承人和陪嫁丰厚的习俗。事实上不出陪嫁或许更好，如果必须，那么陪嫁数量应当控制在少量或适中为宜。斯巴达的法律应允，一个人可以把他的女继承人嫁给任何一个他中意的男子；如果是他死了又未留下任何遗嘱，那么这项嫁女儿的权利就被移交到他的后继者手中。因此，尽管斯巴达的土地足以维持一千五百骑兵和三万重装步兵的生活，但眼下所有能够参战的人加起来却不足一千。事实业已证明斯巴达的财政政策在一次战败之后就一蹶不振了，其原因就是缺少男子。据传说，古时的斯巴达先王们常有授予外邦人名籍的习惯，那时候他们尽管饱经战争，但人口数量似乎丝毫不受影响。据说斯巴达的人口曾一度达到一万以上，无论此说是真是假，显然平均财产才能更好地维持其人口数量。但是，他们关于子女生育的法律却不利于平均财产。斯巴达的立法者们希望国内的人口尽可能地增加，他们鼓励多生，为此还专门制定了相关法律：若家有三个孩子，父亲便可免除兵役，若有四个，就完全免除一切城邦义务。然而，可想而知，倘若土地分配方式照旧，孩子的数量越多的家庭就越有可能陷入贫困。

斯巴达的政体在监察制度方面也存在一定的弊端。官员们拥有最高决定权，而这些人是从全体公民中选举出来的，所以穷人也能当选，但这种人由于急需用钱，就容易引发贪腐现象。此种现象在历史上屡见不鲜。就近代的安罗德斯岛事件来说，某些官员竟然由于受贿而参与祸害国家的阴谋当中。他们权势熏天，连君王也不得不礼让三分，城邦政体同王室日益衰落，贵族也逐渐沦为平民百姓。当然，监察制也有利于加强城邦的内部团结，公民因为获得了参政议政的均等机会而满意，无论这是立法者的功劳还是纯属偶然。一种政体若要得以永存，就必须保证城邦的各部分以既有的结构状态维持下去。在斯巴达，君王满足于这种政体带来的个人意义上的荣耀，贵族乐于享有在长老会的一席之地（长老一职即对于其美德的褒奖），公民安于入选监察机构的机会。在全体公民中选出监察官，完全正确，但对当今形式来说它已经过时了，且过于幼稚。其次，尽管监察官员来自平民，但他们却拥有决断大事的权力，所以他们不应该凭私意判定，而是要按照相关法律条文做出决断。但他们一度放纵，生活方式与政体基本精神不符。相反，在另一些地区，因为法律太过严苛以致无法让人忍受，许多人就偷偷地沉迷到肉体欲望中。

再者，长老会也有其缺陷。有人会说，长老们与人为善，品德高尚，一定会对城邦有利。但是长老一职采用终身制是不妥的，人的大脑机能会随体力的衰弱而减退。长老们的才德未必能够满足立法者的预设，这就危险了。何况众所周知某些长老会利用处理公务之便，徇私舞弊、贪污受贿，因此他们不应如此不负责任，而斯巴达的情况依然如旧。“一切行政人员有责于监察官”，但这样的权限规约太过宽泛，我们认为应用另外的方式更换或处理。其次，斯巴达长老会选举制度也略显幼稚，候选人不该四处拉票，游说别人，政府应该择优录取，而非以选为用。立法者期望公民能够一展个人雄心，因此寄希望于长老选举。然而，野心以及贪欲却是随处可见的犯罪动机。

至于君主的存在是否对城邦有益，此事以后再谈。我要声明的是，我们不能只按照现行制度拥立君主，而至少要参考他们的私人生活及行为表现。显然，立法者也不相信各代君主皆属善良之辈，如若不然，他们就不会制定相关法规。因此，同一个使团中做双王并立的安排亦被视为对于城邦安定的一种保证。

他们把共餐制称为菲迪狄亚，而最先引进共餐制的人，也没有把中间准则制定完善。在克里特，娱乐花销按规定由公家支付，但是在斯巴达，相关责任却推给公民均摊，即使有人因为生活贫困而无力承担，也须缴纳相应的金额。这些规定违背了立法者的目的。共餐制的本意是促进社会平民化，这样做刚好适得其反。极度贫困的人就无法参与其中，而根据斯巴达的传统，唯有参与者才能享有公民权利。

有关斯巴达海军统领的立法也备受诟病，人们的指责是公正的，这种法令引起了内讧，导致了争端。君主原本就是陆军永远的领袖，在此设立海军统帅岂不是与之分庭抗礼？

在《法律篇》中柏拉图对于政体法制的批判是有合理缘由的，整个立法系统只注重一项品质——勇武（或说武德），用于开疆扩土、获取胜利。只要战争持续，他们的实力就可保全，但取得霸主地位之后，他们却对太平盛世的治理束手无策，亦从未习惯战争以外的方式。斯巴达人还有另一个同样严重的缺点：尽管人人认同通过善——而非恶——的方式获取生活所需，但若他们认为这些物质比之善良更重要，那就错了。

斯巴达之另一缺点是不当的财政管理。由于国无宁日，连年征战，人民拒缴捐税，府库空虚。又有大量土地落于私人之手，无人愿意主动纾解国家之忧。由立法所产生的结果与初衷背道而驰，陷国家于贫穷，壮私人之贪欲。

上述即斯巴达政体之概述及其主要缺陷。

章十

克里特政体形式近于斯巴达，在少数地方有相似之处，总体完善程度却逊于斯巴达。凡新的政体总是周密于旧的政体，据说斯巴达的政体极有可能是出自克里特。传说，莱克古斯在辞去嘉里鲁斯王的保护人一职后就出国了，久居在克里特。两地相距较近，岛上一个叫吕克托的城市曾属斯巴达殖民地，当殖民者到达了克里特，便沿用了当地制度。直到今天，统治者所用的治理方法依然是米诺斯时代流传下来的。这个小岛地理位置优良，似乎天生就该称霸于希腊世界。它横跨大洋，沿海一带几乎都是在此定居的希腊人，它的后方不远处是罗奔尼撒，而另一侧则接近亚细亚的特里奥宾和罗德斯岛。由于地理优势，米诺斯成了海上霸主，征服了许多岛屿，建立了一些殖民地，后来，他远征西西里，逝于加米可附近。

克里特的政体近于斯巴达，贝里俄季的农耕形式也同于赫洛特。克里特和斯巴达都有共餐制，只是古斯巴达人称之为安德里亚，而非现在的菲迪狄亚，现今克里特人依旧称共餐制为安德里亚，可见共餐制源自克里特。不仅如此，两者也有类似的政治体制，比如在监察方面，克里特的科斯莫就相当于斯巴达的埃伏尔，不同的是斯巴达的埃伏尔共五人，而科斯莫有十人。至于长老，在克里特被称作议事员。古时的克里特也设有君王及王室，但后来废止，现在军队政权由科斯莫掌管。克里特公民都要出席公民大会，但权力仅限于通过议事员和科斯莫的提案。

克里特的共餐制显然优于斯巴达。在斯巴达，公民被要求缴纳人均分摊，若未能办到，便会在法律层面上失去享有公民均等的权利，此例前已述及。在克里特，共餐制的设立更着重于人本原则。公有土地所产的一切蔬果，喂养的所有牲畜，农奴上缴的实物租赋，除一部分作为祭祀酬神及公共服务的开销外，剩余的即用于共餐制，因此，所有男人、女人、儿童都吃上了公粮。克里特的立法者还有许多高明的办法以确保达到节食省粮的效果。他鼓励男女分居，避免过多生育，认可同性相爱，至于这是好是坏，留待以后再论。不可否认，克里特的共餐制优于斯巴达。

另一方面，克里特的科斯莫逊色于斯巴达的埃伏尔。克里特的选举制度随意无条理，不与政体相称，毫无斯巴达所表现出的优点。在斯巴达，人人拥有作为埃伏尔的被选举权，每位公民都有获选最高职位的机会，大众拥护体制，维护政体。但在克里特，科斯莫选自某些宗族，而非广大人民，而议事员又来自曾经的科斯莫。

对斯巴达长老的批判同样可用于克里特。他们不分责任，并采用终身任职制，或会导致滥用特权，恣意妄为，不依法断案的危害。目前尚无法证明其体制的好坏，公民被摒除在外，而无抱怨之态。克里特的科斯莫不像斯巴达的埃伏尔那样有利可图，大家都离岛而居，远离了外界诱惑。

克里特用于弥补这一弊端的手段非常奇特，近于寡头，与共和相去甚远。科斯莫常被同是科斯莫的人或私人势力攻击驱逐。在任职期内，也被应允自行离职。当然，所有的这些问题应遵循法律规定，而非私人意志，因为意志并不可靠。最坏的状况是终止科斯莫的行政权力，贵族们一旦不愿服从就会使用这种手段。这些表明克里特的政体虽然包含一些共和制政体的特点，但实际上还是一种寡头制。

贵族们还有一个习惯，即扶植首领。他们拉帮结派、鼓动分裂，经常好勇斗狠，相互残杀。这样做的结果除了政毁国亡之外，还会是什么呢？城邦处于危机境地，如若此时有人趁火打劫前来进攻是很易得手的。但如前所述，克里特因地理位置良好可免于此祸。距离起到了拒止外邦人的作用。克里特没有外属领地，因此克里特的农奴本分守纪，不像斯巴达的农奴赫洛特屡次造反。但是后来，入侵者找出了进入克里特的路，它的政体弊端也随之暴露无遗。好了，关于克里特，我们就讲到此。

章十一

有人认为迦太基拥有最出色的政治体制，在若干方面都优于其他城邦，尽管它的政体与斯巴达有重合之处。斯巴达、克里特、迦太基这三个城邦之间的确存在相似之处，但也不尽相同。迦太基的许多制度都很优良，事实也证明其政体有道。公民忠于政体，从未发生叛乱，也从未受治于暴政。

迦太基与斯巴达的政体相似之处如下：都有共餐制，前者的一百零四人院的职权，对应后者的埃伏尔，但是，埃伏尔都是些平庸之辈，而行政长官则品德高尚。两者同样都有各自的君主和长老，而迦太基的君主更为优秀，他们不是世袭王位，也不是选自普通家庭，而是来自世家望族的才俊。这些掌权者手握重权，如果无才无德，便贻害巨大，斯巴达就曾深受此害。

关于迦太基政体受指责的偏离完美城邦的缺点，同样存在于我们之前提到过的政体形式。它从贵族体制和共和体制中偏离，有的偏向民主制，有的偏向寡头制。若君主与长老意见一致，可以决定任何提案交由公民审议，但当他们产生分歧时，人们也可自行审议。对于君主和长老的提案，公民既听又审，做出最后决定，任何人都可以按照自己的意愿进行反驳。上述情况在斯巴达和克里特是不被允许的。掌管重要事务的五位行政长是由补选产生，而他们需要选出最高行政机构的其余一百人，通常任职时间也长于其他行政人员（他们几乎是之前和之后都掌权），这些都带有寡头的特征。他们不拿俸禄，也不由抽签选举，所有行政人员都可受理诉讼案件，而非斯巴达似的，由不同的人受审不同的案件。迦太基的政体源于贵族制偏向寡头制，在其国内流行着这样的观念：行政人员的选拔不仅要依据候选人的品质德行，还需参照其财产状况。人们认为，贫者少闲，不宜做官。若以尚富为准则选拔行政人员是寡头制的形式，若以尚贤为准则选拔是贵族制的形式，那么迦太基的政体则是结合了这两个方面的第三种形式。他们同时参照两方面选拔人才，尤其对他们的君主和将军进行选择时。

但是我们不得不承认，偏离贵族制是立法者的一个错误。最高阶层的人绝对需要拥有闲暇和体面，无论他们在职与否，都必须先正其心。即使不得不考虑用以确保闲暇的财资之事，但若君主、将领一类的最高职位亦可求而购之，那确实是极坏的。法律的无为使得崇富高于尚贤，整个社会风气转向嫌贫爱富。而上有所好，下必从之，一旦德行不受重视，贵族制也就无法建立起来。那些花钱买官的人必定趁此机会狠捞一笔。贫困且老实的人绝不会有此想法，而低劣又窘迫的人则必然会渎职。因此，为了让有志之士的才能得到最大限度的发挥，即便立法者无法予以终身的供养，也要保证他们在职期间能有闲暇。

在迦太基人中流行着一种不太好的一人身负数职的习惯，其实，每项事务都由专人负责更好。立法者需要清楚这点，并尽量避免任命一人同时担任多职的情况。被委任者不能既是笛手又是鞋匠。因此，城邦规模越大，依照制度化和民主制的原则，就越该把政务配给更多的人。这样安排更为公平合理，专人专务，效率才能提高。这样的例子，在军队及海军部队中，即体现为切实履行受命与下令的职责。

就政体而言，迦太基是属于寡头制的，但他们鼓励公民去往附属殖民地开垦致富，以此补救寡头制的缺陷。这就是他们维持城邦稳定的灵丹妙药。然而，这只能是一时的，想要真正解决问题，防止斗争，还需倚重法律法规。如若天有不测，时艰运滞，而法律又不能提供保障和平的处方，公民必会聚群而起，对抗政府。

人人称道的迦太基、克里特、斯巴达的政体特征如上所述。

章十二

一部分为解决政体问题留下过相关论述的人终生从未参加过任何公共事务，一生闲居在家，凡是这类人所提出的有价值的政见，我们业已论述。另外一部分较为活跃的便成了立法家，他们参与制定本邦或外邦的法律，并曾经执掌了一些实际政务。在这部分人当中，一些人只参与法律的创建，而另一些还参加了政体的创建，如莱克古斯和梭伦。斯巴达的政体早已述及。对于梭伦，一部分人认为他是一个优秀的立法家，他终结了极端的寡头制，解放了农奴，建立起古时的民主制，平衡了城邦之内的各种因素——元老院保全了寡头制的作用、行政人员选举中看重品德才能以及公审法庭代表了大众的意志。实际上，元老院和行政人员选举自古有之，梭伦只是在此基础上继续加以完善，但是他制定了公审制度，开创了民主制。为此，他也受到了若干批评。由于把最高决定权给予那些抽签选出来的法官，他被指破坏了其他两项非民主制因素。随着法庭权力的增大，后继者们为了取悦僭主式的人们，就把政体变革为如今的极端民主制。艾菲阿特和裴力克斯限制了元老院的权限，裴力克斯还为陪审员设置了津贴，每位群众领袖皆致力于增强公民的权利，久而久之就形成了现今的形式。显然，这些都不是梭伦的本意，而是形势发展的结果。在波斯战争中，以平民为基础的部队赢得了战争，建立了海上帝国，这些人自此开始沾沾自喜，妄自尊大，不顾上等阶层的反对追随一些无聊政客。梭伦的本意是仅赋予人们必要的基本权利，即行政人员的选举权和行使监察权，若无这些基本权利，难保公民不会成为奴隶，终至发展成为政府的敌人。他所任命的公职人员全都来自富家望族，即所谓的“五百斛级”或“双牛级”，也可能是属于第三等级的骑士级，而第四等级的雇工不得担任任何职位。

其他的立法家还有扎琉库斯，他曾为埃匹哲费里的洛克里人制定过法律。还有加隆达斯为卡塔纳——这是他自己的国家——以及意大利和西西里的卡尔西狄亚人制定法律。有的人试图证明奥诺马克利托才是最早的立法专家。他出生在洛克里，成长于克里特，在那里学习了预言术，遇到了同伴泰利斯。而莱克古斯和扎琉库斯是泰利斯的学生，加隆达斯又是扎琉库斯的学生。但这些记述与每个人实际生活的年代不相符。

还有科林斯人菲洛劳斯曾为忒拜人制定过法规。他来自巴卡代的一个氏族，与奥林匹克竞赛的获胜者狄奥克利斯互相钦慕，后者因避其母哈尔琼妮的私爱远走他乡。两人定居忒拜，终老于此。至今当地人还能指出他们的墓地所在。他们的坟墓两两相望，而其中一座可以依稀看见科林斯，另一座却不能。传说两人在生前就已安排好了，狄奥克利斯感伤于此生之不幸，故他的遗体被葬在看不见科林斯的那面。这就是他们移居忒拜的原因。菲洛劳斯成了忒拜的立法者，除去一些特殊法令，他还为他们制定了有关宗嗣的所谓的“继承法”，这些法律是菲氏法典的特色，意在节制抽签的数目。

加隆达斯的法令没有什么过人之处，除了在惩罚伪证者方面，这是第一次立法惩戒伪证者。他制定的法律更加细化，甚至超过了当今的一些立法者。

平均财产是费勒亚斯的法制特点。其中包括由柏拉图提出的共妻共子共产制以及针对妇女的共餐制。此外还有针对宴会的条令，他们规定由神志清醒的人担任宴会主持。对于军士，则训练他们双手并用的能力。

德拉科的法律仅是沿用原有体制，除了罪责较重，惩罚严苛之外，无甚过人之处。

毕塔库斯也仅仅是一位立法家，他在政体方面无任何建树。在他制定的法令中较为经典的一条是，酒后犯罪，罪加一等。因为醉酒者比清醒者更会惹是生非，故他无视滋事者的借口，而以公众利益为准。

还有芮季俄人安德罗达马斯曾为色雷吉的卡尔西狄亚人制定法律。大都是一些有关杀人罪和女继承人的问题，除此而外，别无其他。

对源于实际或来自理论的各种政体的讨论就到此为止。

第三卷

章一

当我开始探究政体问题，讨论其本身性质和属性时，首先需要清楚城邦的概念，即“城邦是什么”。人们至今对此争论不休，有人说城邦就是采取了某些措施，别人说，不，那不是城邦，只是寡头制或僭主制的手段。立法者和政治家的一切活动皆是为了整个城邦，而政体或政府是为公民所设立的一套系统。城邦是一个结合体，它由许多公民组成。因此，在我们探究城邦之前，需要考虑谁才是公民，公民又具备哪些属性。然而公民的性质也无普遍的定论。寡头制往往就不会认可民主制中的公民。我们暂且搁置那些凭偶然机会因由获得公民身份或被允许入籍的人，可以发现，公民之为公民非借由其居住地，比如与之同处一隅的外邦人和奴隶，就不是公民。公民也不是享有自由诉讼权的人，但凡在其条约之下的所有人都享有此权利。作为外邦人，他们也能在拥有一位合法担保人的情况下，行使一定范围之内的公民权利，我们称他们为公民也只是在某种定义内，类似于称未能登记入册的小孩或不用担负主要责任的老人一样。我们可以称其为公民，但需附加一定条件，诸如可以是未成年的公民，或年迈的公民，或者是其他类似的，无论何种说法都无伤大雅，只要有所限定，意义一定可以清楚明了。我们定义的公民是基于严格层面上，无补充保留的，不是那些或年幼或老迈，被剥夺公民权利，甚至受到驱逐的人。我们定义的公民是拥有司法审判权，享受参政议政机会的人。我们把公共职能分为两类。一类是在时间上无连续性，即同一个人不可两次担任同样的职位，除非有定期的时间间隔。第二类则没有一定任期，例如审判法庭的审判员，或者公民大会的代表。有人会说这些法官和代表不算行政人员，他们的职能中没有执政的权限。作为最高权力机构却不能执政，这样想未免太可笑。对此我们不必做过多的论述，这只是文字名称上的问题。我们试图寻找一个合适的词来表述法官和代表的共同职能，为着能有确切的区分，我们就姑且称之为“不定期公职”吧。在此，我们规定公民即担任这些公职的人。大概，这个定义是最准确恰当的，适用于全体在此意义上所谓的公民。

但是我们不可忽略事务的基础原则。这些基础原则种类不同，分别按第一、第二、第三依序排列，它们之间毫无共同之处，即便有也很细微。各种政体彼此不同，有的在先（优），有的靠后（劣），凡是错误较多或性质扭曲（“扭曲”之意，后将详述）的政体总是逊于完善合理的政体。相较之下，政体有异，公民亦然。我们对公民的定义最适合于民主政体，至于其他政体，或许存在，但不必须。在一些城邦公民不被认可，没有定期的公民大会，只有临时性的召集会议，诉讼审判交由各行政分支。在斯巴达，监察官处理契约类案件，他们会把案件一一分派给各个监察员，长老会审理杀人案件，其他行政机构则解决其他案件。在迦太基情况也类似，部分行政官员负责一切诉讼案。倘若我们将公民的定义稍加修改，它也适用于这些政体。在所有非民主政体中，议事员和法官不是无限期的，他们的职务任期有限，分工明确，其中的一部分人或全体人员负责着一切或若干议事和审判的事务。由是，“公民”这一概念的轮廓渐次分明。

任何城邦，凡是有权参加议事和审判事务的人，我们就称他该邦公民。简而言之，城邦就是人数足够自给自足的公民联合体。

章二

但是依照实际情形，公民的定义还应加上其父母双方均为公民。有时这种条件还得追溯更远，推及上二代、上三代甚至更久远的祖先。这是一个简便且实际的定义，但有人或许又要问，上三代或上四代的祖先又是怎样成为公民的呢？或许是出于窘迫，或许是出于自嘲，里昂吉尼的高尔吉斯回答说，既然石灰泥浆是由灰泥匠造出的，那么拉里萨的公民就是拉里萨的公民匠造出的，那里行政官员的职责就是制造公民。但是这个问题实在简单，由已给的定义可知，有权参与政体事务的就是公民。这要比“公民的父母必为公民”好得多，因为后者无法适用于城邦最早的开拓者。

还有一个更为严重的问题，关于历经变革后取得公民权利的人。雅典的克里西尼人在驱逐僭主以后，将许多外邦人及奴隶编入雅典各部族中。在此例中，问题不再是“谁是公民”，而转成了“是不是真正的公民”。随着问题的深入，还有一个不该是公民的人是否可以转变为真正的公民，而不合情理的事物是否即为不真实的问题。如今有些本来不该掌权的人做了官，我们也并没有因为他们的不公正就否认了他们的职位。公民的定义里也包含权益意识，我们定义公民是享有参选和审议权利的人。显然，符合上述标准的人们也应是公民。

章三

究竟哪些人应该成为公民？这个问题与我们之前讨论的问题有着密切联系。另一个与城邦相关的问题，即一种既定的行为是否能看作城邦的行为。就如，从寡头制或僭主制转化为民主制。在这种情况中，人们拒绝履行契约责任，拒绝承担相关义务，他们认为这种契约是出于僭主的个人意愿，而非国家之意愿。他们反对由强权建立的不维护公共利益的各种政体。以上论断也许同样适用于民主制，民主制城邦也有以暴力创始的，那么这种民主制下的城邦行为将无异于寡头制或僭主制下的行为。这个问题又引起了我们对另一问题的思考：究竟该依据什么准则来判定这一城邦是“同一”城邦还是“另一”城邦呢？只考虑区域和人口显然是很片面的（土地和人口可能被分开，一部分人住这里、一部分人住那里），但是，要解决此问题也并不困难，我们只需注意到城邦的多重含义。

即使一个国家的全部人都住在同一个地方，问题依然存在。什么条件或情况下它才被认为是同一城邦呢？当然这个界线不是指城墙，把整个伯罗奔尼撒围起来倒有可能。还存在其他“民族国家”的疆域是一个城邦难以比拟的情况，巴比伦就是这样的一个国家。据说，在被占领的三日后，巴比伦才有一部分公民知道此事。但这个问题最好还是留待以后另行讨论。至于城邦规模大小、是否应该包含多民族，则是政治家不得不考虑的问题。

再说，我们是否能认定，只要一个城邦的居民种族不改变、栖居的地域不改变，这个城邦就不会发生本质上的改变呢？尽管不断地有人生生死死，这种情况就像江河与泉水，尽管河水（或泉水）不停地流进流出，是否我们就该认定城邦人口和江河水没有变，而城邦却不复从前了呢？城邦是一种联合体，这种联合体是由同一政体中的公民构成，一旦政体形式发生了改变，不复从前，就可以认定城邦也无可避免地发生了改变。这就类似唱戏，有的演员，一会儿演悲剧，一会儿又演喜剧，虽然演员没变，但剧目却不同了。这个道理也适用于一切团体或联合体，但凡其组合方式有异，即不被认为是同一团体或联合体。例如，同一些音符可根据多利安调或弗里京调等谱成不同的曲子。如此，城邦本质的改变与否主要决定于城邦政体的改变与否，它是沿用旧名还是另取新名，栖居者的成分依旧如前还是彻底不用，已经无关紧要了。至于当政体形式发生改变后，城邦是否需要继续承担前政府所遗留的义务，那又是另一回事了。

章四

接下来的一个问题是，道德品质良好的人是否必然是一个好的公民。开始探讨这个问题之前，我们应当对公民的品质有个大致的了解。如水手一样，公民是共同体的一分子。水手们都有各自的分工，有的负责划桨，有的是舵手，还有的是瞭望员，其职责不同，称谓不同。显然，每一水手的德行都应当符合他的职责，此外对于全体人员的职责还有一个共同的规定——所有人员的目的就是保证航海途中安全。同样，公民可以有个体殊异，但保证共同体的安全却是他们全体的责任。而共同体是基于政体的，因此公民的品质必然关联于其所属之政体。由此得出，倘使存在若干政体，好公民的德行亦必有若干品类，可见单有良好的品质并不能使公民完满。但我们说好人就是有单一完满品质的人。如此，即便不具备好人应有的品质，也可以成为一个好公民。

如果我们从思考最优政体的角度去探讨上述问题，也会得出同样的结论。假使一个城邦不全由好人组成，而每一位公民被要求恪尽职守，他们的恪尽职守又依赖于自身品质，那么，既然所有公民不可能一律相同，作为好公民或好人要具备的品质便不会一致。要有具备自身品质的好公民，仅仅是一个城邦完满的必要条件，但他们不一定非得是好人，除非我们是这样规定的。

再者，城邦是由不同分子组成的，就像生命体是由灵魂和身体组成一样，而灵魂是由理性和欲望组成的，家庭是由丈夫和妻子组成的，所有权是由主人和奴隶组成的，城邦也是由这些不同的分子以及其他不同因素组成的，也因此，所有公民不会只有一种品质，正如乐队指挥与他身旁的演员绝对不具同一品质一样。

然而，是否好公民的品质与好人的品德就没有重合之处呢？我们通常说，一位优秀的统治者是贤明的人，一个政治家也必须贤明。有人会说，统治者所接受的教育非同一般，就连王室子女也必须接受骑术训练和军事训练，正如欧里庇得斯说：

> 吾不为深文奥妙，
> 但求治国之要道。

这表明统治者一定需要某种特殊教育。假如优秀的统治者与好人拥有相同的品质，我们可以推断公民就等同于统治者了，因此，好公民的品质与好人的德行绝不完全一致，尽管在某些事例中存在一致。统治者的品质与公民的品质是不同的。（费雷城的）杰森说："要么是僭主，要么是饥寒交迫之人。"显然此人不能忍受处士生活。另一方面，人们称赞既能统治别人又能受人统治的人，并认为好公民的品质就在于此，若我们假设好人的德行即统治，而好公民的品质则在于统治和服从，就不能把两者等量齐观了。有时，我们认为统治和服从是不同的两回事，公民却必须同时掌握，这个推论显然成立。这样，作为管理者的主人不仅应当清楚一切日常事务，还要知道如何安排奴隶执行。带有奴役性质的若干活动需要许多奴仆——诸如手工业者、工匠、技工——提供服务。因此，在古时某些国家，劳动者这一阶层不享有参政权益——他们只能在极端民主制的情形之下才能具备这种特权。当然好人和政治家以及好公民都不需要学习这些技艺，除非为己偶然之用。如果他们常常为之，那么主奴区别就不存在了。

但是还有另外一种统治形式，在同等出身的自由人之间实行，这就是宪政统治。统治者是以服从开始的，这就像是一个想任职骑兵将军的人，先服役于一些骑兵将军麾下，或者是想了解步兵司令的职责的人，先服役于一些步兵司令帐下，从联队长甚至是中队长当起。古人有云："不知兵卒，不成头领。"虽然这两者互不相同，但好公民需要同时掌握。作为一个好公民，他应当知道如何像自由人一样地去统治，也要清楚怎样似自由人一般地去服从，这些就是他的品质。尽管统治者的节制和正义有别于服从者，但是好人需要这些品质，因为他既是一个自由人，又是一个服从者。如正义，他不会有且仅有一种品质，他需要多种，一些便于他进行统治，一些使得他能够服从。又如男人的节制和勇敢异于女人的，若一个男人的勇敢只同于一个女人的勇敢，他就会被认为是懦夫；若一个女人的慎言不如一个好男子的慎言，那么她就被看作多嘴。同样地，在家务活动中，男女分工也不同。一方主要负责获取，另一方负责操持。明智是统治者所独有的品质，而其余品质则由统治者和被统治者共同拥有。服从者的品质不能是明智，而可定义为真实，他就如同制笛者，统治者则是吹响笛子的人或者说是使用者。

这些分析足以回答好人的品质和好公民的品质相同还是相异，或者二者之间有多少相似，有多少不同。

章五

我们还有另一项关于公民的疑问：公民只能是担任公职的人吗？或者可否包含工匠在内？我们不可把工匠当作公民，因为他们不具备公民的统治和服从的品质。若所有下等阶层的人都不是公民，那么他们又该归为何类呢？他们不是侨居者，也不是外邦人。这或许很难回答，但若奴隶和自由人没有归属，工匠没有归属又有何奇怪呢？因此，我们不能把国家存在的一切都归为公民。例如，儿童和成人就不是同样的公民。成人可以作为绝对公民，而儿童、未成年人则只作为假设意义上的公民存在。在古时的一些国家里，工匠完全被充作奴隶或外邦人，直到现在，大量的工匠还是奴隶或外邦人。可以说，最优形式的城邦也不会承认工匠是公民。若工匠获得了公民的身份，我们对于公民德行的定义就不再适用于每个公民，也不适用于自由人，而只限于那些没有从事卑贱职业的人。作为卑贱职业的从事者，奴隶是为了满足私人所需，工匠和劳工则为社会效劳。若进行更进一步的探讨，后两者的地位就会很快清晰，只要理解了前面的分析，这一问题就不必再行说明了。

若政体存在很多形式，公民的种类也就有很多，尤其是那种处于统治之下的公民。虽然在某些政体中，工匠和劳工被视为公民，但在其他政体中就不可能了。例如，在所谓的贵族制政体中，一切公职皆由德才兼备的人来担任，以手艺和劳力为生的人们由于无法获得那种公民品质，因而就与此职无缘。在寡头制中，对公职人员的要求更高，劳工不可能成为公民，但工匠有可能，因为工匠大都富裕。在忒拜，有法律明文规定，凡未脱离买卖业务十年者，不得从政为官。此外，在某些城邦，法律明文规定准许外邦人入籍。在一些民主制地区，只要其母为公民，他也为公民；同样的准则还适用于私生子。当城邦人口减少，死亡率升高的时候，便会放宽相关政策。反之，一旦人口剧增，首先便会排除父母其中一方为奴隶的孩子的公民资格，其次会排除只有母亲为公民身份的，最后，公民权就限定在父母双方都是公民的婴儿身上。

因此，由上可知，公民的种类很多，最高等的公民即享有国家荣誉的人。荷马有诗：

> 如同那些不光彩的异邦人。

凡是被排除在国家荣誉之外的人，无异于外来民。倘若采用隐蔽的方式，也无非统治者为了蒙蔽国民。

至于好人品德和好公民的品质是否相同的问题，我们业已证明，在一些城邦中，两者相同，在另一些城邦中，两者有别。当它们相同时，并非每一位公民都是好人，而仅仅是政治家或其他一些独自或协同他人处理公共事务的人。

章六

在解决以上问题之后，我们开始探讨政体的存在形式是一种还是多种。若有多种，它们分别是什么，相互之间有什么差异。

政体是对城邦行政人员所责公共事务之安排，它还是最高权力机构。政府管辖着城邦内各个地区，而政体在实际上等同于政府。比如，在民主制中，公民占据着最高地位，而在寡头制中，决定权却掌握在少数人手中。因此，我们就说这两种政体互不相同，其他情况，亦可推及。

首先，我们考虑城邦存在的目的，以及在人类社会中产生的所有政体形式。在本书第一卷，已经述及家务之管理与奴隶之管理，人是一种天生的政治动物。因此，即便是一个无须他人帮助的人，亦渴望过群居生活，由于共同的利益，所有个体也能得到相应的利益从而过上富足的生活。这是一切个体和城邦的最终目的。仅仅是为了生活本身（尤其是其中一些美好的元素），人类也要共同生活，组成一个政治共同体。即便身遭困苦、忍受忧难，人们亦不会放弃生活，因为生活本身就存在着一份美好和甜蜜。

我们可以毫不犹豫地区分各种统治和权力。在很多次的非专业讨论中，人们对此早有定论。关于主人的统治，尽管奴隶和主人的利益在本质上相同，但在实际中更注重主人的利益，考虑奴隶利益——如果奴隶消失，主人的统治也不存在了——只是偶尔为之。另一方面，我们称其家务管理的对于妻儿和家庭的管理，其目的是为着被统治者的利益，或者是为统治者和被统治者共同的利益，但本质上还是在于被统治者的利益。我们可从医疗、锻炼及其他各种技术看出，技师们获得的利益带有偶然性。这就是为什么训练者经常会加入体育锻炼，掌舵人总是水手之一。训练者和掌舵人都是为着他们领导的人着想。因为，他们也是这些人中的一部分，他们偶然分享了其中的好处，掌舵者如此便是水手之一，训练者是被训练者中的一员。在政治统治中也是如此。城邦根据平等的原则而建立，人们就认为人人获得了轮流执政的机会。它的本意为，每个人起先行使各自的义务，考虑别人的利益，然后，有人也会如他照顾别人的利益一样照顾他的利益。但是如今，由于能从公共财物和公共事务中获得好处，人们总想继续任职。这些人仿佛得了疾病一般，只有继续任职才能保证健康，一旦去职便闷闷不乐。总之，我们推断，凡是依照严格的正义之道，为大众的共同利益着想的便是正当的政体。仅为统治者一己的利益考虑的是不正当而堕落的政体，这些政体是专制的，只有城邦才是自由人的共同体。

章七

接下来我们讨论政体的种类和划分。明确了政体的正确形式之后，那些堕落的变体就一目了然了。政体和政府二者之间存在相通之处，政府作为城邦的最高权力机构，掌握在一人（或少数人，或大多数人）手上。因此，正确的政府形式应为，那掌权的一人、少数人、大多数人是为了公众的利益而实施统治的。反之，若这些人为着私人的利益实施统治，那就是堕落的政体。若城邦的成员是真正的公民，他们就应当利用自身的优势参与执政。在各种政体中，由单个人实施统治并顾及了全体公民利益的，我们称之为王道或君主制；而少数人治理的政体就是贵族制，之所以这样称呼，原因不仅是那部分少数人德才兼备，还因为他们永远心系国家和公民的利益；当大多数人为着公民的利益联合执政时，我们冠之以一种统称——共和制政体。这种称呼是不无道理的。一个或几个人可能有特别显著的品质，但若数量增加，作为一个整体他们很难在各方面都达到完满，唯有军事方面的品质是可能的，因为他们本就来自大众。因此，在此种政体中军队拥有最高权力，那些掌握武器的人便是公民。

上述政体的变体如下：王政的变体是专制，贵族制的变体是寡头制，共和制的变体是民主制。专制是为个人利益而统治，寡头制是为富人利益而统治，民主制是为穷人利益而统治，此三者之中，没有一种是为了大众的公共利益。

章八

我们有必要详述上述政体的自然本性，以解决个中难题。我们运用哲学的方法研究各种学科，不能仅仅重视实际事实，还要细致地注意每一个细节。僭主制，如上所述，是一种统治者沿用主人对奴隶的管理方式处理政事的专制统治；寡头制，即有产者作为统治主体的政体；相反，民主制则是一群贫民掌权的统治。于是就出现了第一个问题，如何加以区分。我们业已论定民主制就是多数人共同执政，但若这多数者是富人并掌握了政权，又会怎样呢？同样，寡头制就是少数人拥有主权，但若穷人少于富人并凭其力量获得了政权呢？在这些情况下，我们对于如何区分尚不完善。

倘若我们在原有基础上加以限定，富人归于少数，穷人归于多数，于是，寡头制即占少数的富人执政，民主制即占多数的穷人掌权。这又涉及另一个困难：如果政体形式仅有以上那些业已提及的，我们又该如何描述那些富人较多，穷人较少，而且各自掌握政权的政体？

这种矛盾似乎表明，无论是寡头制还是民主制，掌权的人数都是一项偶然因素，不管是民主制中的多数，还是寡头制中的少数，都是因为毕竟世上总是富人占少数，而穷人占多数。因此，原来叙述的原因并非寡头制和民主制之间的真正区别所在。形成它们之间的真正差异的原因是贫与富。只要是富人掌权，无论其数量多寡，都是寡头制；同理，只要是穷人掌权，就是民主制。但在实际中，富人属于少数，穷人占据多数，一个政体中富人居少数，但全体都有分享自由的权利，一据以财富，一据以自由，这就是寡头制和民主制两派争取政权的真正基础。

章九

首先我们需要明确寡头制和民主制的一般定义是什么，以及什么是寡头制和民主制中的正义观念。每个人心中都有正义的观念，但他们的观念并不完善，不能表示正义的全部含义。例如，正义被认为是平等。这的确是一种平等，但仅限于平等者的平等，而非所有人的平等。不平等也被认为是正义，是对不平等者的不平等，而非一切的人们。人们忽略了这一因素，所以做了错误的判断。原因就在于他们的判断只从自身的角度出发，而在涉及个人利益时，人们的表现似乎都不太好。正义暗含了人与物之间的关系，而正义的分配就如我曾在《伦理学》中说过的，是人与物之间的配比相等。人们都同意事物方面的平等，但问题一回到自身时便发生了分歧，其主要原因我已述及——在面对关乎自身利害的事物时，他们常常判断失误。第二个原因是，寡头制和民主制都认同各自的偏狭主张，竟以为他们主张的正义是绝对的和无缺陷的。他们认为若在某一方面——如财富——与人不平等，就认为各个方面都是不平等的；若他们在某一方面——如自由出身——与人平等，就认为所有方面都是平等的。当事双方都忽略了最重要的原因。如果人们是出于财产这一最终目标而联合起来的，并且将个人财产与财产所有者在城邦中享有的权利联系起来，寡头制的主张就会占上风，贡献一米那的人就无权与贡献九十九米那的人共享总共的一百米那，无论是出于原则还是出于利益。但城邦是为着美好生活而存在的，而不仅仅是生存；若生存成了目标，那么奴隶或动物就可以占领一个城邦，而这样的事情是并不存在的，因为奴隶和动物不能分享喜悦，不能自由选择。同样地，结成联盟确保公正，或者促进交换推进交流，都不是城邦存在的目的，不然爱特鲁斯干人和迦太基人以及所有签署了贸易往来条约的人，都该算是同一个城邦的公民。诚然，这些国家都订立了出入口协议，缔结了互不侵犯、互不损害对方利益的条例，也达成了同盟关系。但是他们却没有设立共同的行政官员来监督处理此事，而是各国各行其政。他们没有城邦关注另一城邦的公民品性，条约中也没有保证所有参加贸易的人都不会发生违背正义或者其他恶劣的行为，仅仅是规定了不能有针对对方的不公行为。那些关注优质政体的人不得不考虑城邦生活中的善与恶。因此，我们推断真正所谓的城邦，而非名义上的，必着意于扬善。否则，共同体将沦为一种联盟，联盟的成员之间仅有空间差距而已；法律——如学者莱克弗朗所说，“法律是彼此公正的担保者”——也将变成一纸空文，无力使公民成为善良且公正的人。

显然，若把两个不同的地区联合起来，使科林斯和麦加拉同处一墙之内，它们也不会成为同一城邦；即便允许公民相互通婚也是枉然，尽管通婚是同一城邦内的生活特征。如果有人彼此居住相距较远，但仍有一些联系，互相之间也订立了一套交换过程中互不侵犯的法律，这样也不能认为他们构成了同一城邦。我们假设有一人是木匠，另一人是农夫，第三人为鞋匠，还有其余诸如此类的人，他们总共的人数达到了一万，但若他们只是进行交换、结盟，他们依然不能构成一个城邦。为什么会这样呢？这并不是因为两者之间缺乏联系性。即便是像这样一个共同体处于统一的地方，人们也只把自己的家当作自己的城邦，他们结盟，只是为了驱逐外敌，而且他们之间的交流比起结盟之前毫无变化，在一个深思熟虑的思想家看来，这也不算是一个城邦。显然，城邦并不是一个建立在某个区域，为了防止犯罪以及便于交换而形成的社会。这些是城邦存在的必备条件，但不是说只要具备了这些条件，就一定能组成一个城邦。城邦是若干过着良好生活的家庭和氏族的组合，其目的是能过上一种完全自给自足的生活。这种共同体只有满足了聚居一处、相互通婚的条件之后才可能形成。于是，城邦里兴起的嫁娶、结拜、祭祀及其他娱乐活动把人们连在了一起。这些都是善的结果，人们共同生活在一起的意志便是善。城邦的最终目标是过优质的生活，而这些活动则是达成这个目标的工具。一个城邦是由若干家庭和村镇组成的，为了完满和自足的生活，这就是我们所谓的幸福而高尚的生活。

所以，我们认为，政治社会是为了高尚的行为而存在，而不单为共同生活。因此，在城邦中，对社会有卓越贡献的人就该比那些门第相近而政绩不良以及那些财产较多而品性不佳的人享有更多尊重。

如上所述，对于政体问题起争执的人们，显然只考虑了公正原则的一部分。

章十

一个城邦谁该掌权，这又是一个难题。多数人？富有者？贤能之人？最高贵的那个人？僭主？所有的这些选择几乎都指向了不圆满的结果。比如，若穷人凭借数量优势瓜分了富人一部分财产，难道这不是有违正义吗？（有人回答）不，苍天为证，这是最高权力机构依据正义所做出的决策。若这不是极端的不义，我们可以反问，那什么才是不义呢？不论何时，多数人瓜分了少数人的财产，据为己有，这种行为都近于毁灭城邦。但品德不会毁坏拥有它的人，正义也不会对城邦进行破坏。因此，这种法律绝不是正义的。如若它是正义的，那么僭主所有的行为都是应该的，如同人民强制富人一样，他只是用强权统治他人。假若是少数而富有的人来统治，是否正义呢？假若他们也像他人一样掠夺、侵占人民财产，这又是否正义呢？如果是，那么其他情形也是正义的。然而，毫无疑问，这些行为都是错误且不义的。

那么贤能之士又是否适合掌管政权呢？在这种情况中，贤士之外的所有人都被隔离在权力以外，不能分享城邦的荣耀。这种荣耀即担任公职，若一群人永居高位，另一群人就无法享有有关荣誉了。若是由一个最高贵的人来实施统治，是否优于其他选择呢？不会的，这甚至比少数人的统治更偏向寡头制，被排除在荣誉之外的人也更多了。有人会说，人总是会受到感情的影响，人治一定不如法治。但是，若法律本身就包含着民主性或寡头性，它又怎能帮助人们解决困难呢？无论如何，还是会得到同样的结果。

章十一

这些问题留待后论。由全体公民执政的原则优于少数优秀者执政，尽管其中还有疑难，但它包含的真理却是确实可靠的。就全体公民而言，虽然他们中的个体平平凡凡，但当这些个体结合在一起时，能力或许会超过少数优秀者。此时的众人不再是单独的个体，而是一个集体，每个人都贡献了力量的宴席可能会超过由个人承办的宴席。同理，若各人都贡献一些德行与才智，当他们聚结在一起时，就像一个有许多脚、许多手和许多感官的人，同样也结合了各种德行和才智。这也是为什么人多更能欣赏音乐和诗歌。一些人理解了一部分，另一些人懂了另一部分，大家合起来就理解了整个部分。出类拔萃的人之所以优秀，就是因为他们能集多数于一身，美人之所以美于众人，艺术品之所以优于寻常事物，亦如此，它们将各种孤立的元素合并于一体。即使分开来看，现实中一个人的眼睛或某一部分，也可能会胜过画中人的那部分。至于这项原则能否适用于民主政体或一切人类团体，就不得而知了。但苍天为证，某些团体的确不适用。若兽群也可适用的话，那么人类与野兽又有什么分别呢？虽然存在反对的观点，但我们认为应用于若干人类团体总是没错的。照此，我们似乎可以回答前章所提问题：既无财富也无特殊品性的大量自由人和公民团体应该享有怎样的权利呢？赋予他们过多的参政权是危险的，因为他们的愚笨会使他们犯错，他们的不诚实会使他们犯罪。但若不给他们提供任何公职，也是危险的，一旦城邦的大群贫民被撇在一旁，就等于为城邦遍地树敌了。避免此种情况的唯一方法便是允许他们参与议事和审判事务。因此，梭伦及其他立法家赋予他们两项权益：一是选举行政人员，一是审查任职期满的执政人员，但他们自身不得担任任何公职。当众人聚在一起时，拥有很强的洞悉能力，与贤能阶层配合，会有益于城邦（就像是精粮和粗粮调配在一起食用，比只食精粮更有营养），各自分开后，个体的判断力不似集体的。另一方面，此种政体的安排也面临若干确切的麻烦。首先便是，对于医生医术之评断，需借由相关方面的专业人士，即评判者本人也是医生。对于各行各业技术的评判，皆是如此。医生分为三类：一般医疗人员、主治医师和专家、懂得一些医疗技术的人。后一类人在各种行业中均可见，且这类人判断力并不弱于前述两类专业人员。在举行选举时，这难道不适用吗？懂得相关知识的人才能选出真正的人才；同样，精通几何学的人才能选出合适的几何学家，熟悉航海的人才能找出真正的舵手。即使在若干职业和技术中，一些非专业人士也做出一些选择，但他们始终不如业内行家。如此，群众不应持有选举行政人员及后期考核的权利。但此种看法并非十全十美，就先前论述，只要群众不过于堕落，尽管他们作为个体的判断力有限，逊于专家，但会聚到一块儿之后，其判断力优于——至少不亚于——专家。其次，在某些技术中，创造者并非是唯一的或最佳的评判者，而那些非专业人员反倒更加善于欣赏和评判。例如，建筑技术并非为建筑师一人所知，房屋的使用者，即主人，才是这栋建筑的最佳评判者。同理，掌舵人比起造船匠更能体验到船舵的优劣，食客较于厨师更能尝到菜肴的好坏。

这个问题似乎得到了圆满的答复，但又出现了第二个连带问题。在重大事件的决策上，品质低劣的公民竟有高出贤能之士的决策权力，这不是很荒谬吗？毕竟对城邦而言，选举行政人员及对其后期的考核是件最为重要的事。可是在某些政体中，就我们所见，城邦赋予群众决定重大事件的权力，在这些地方公民大会是最高权力机构。但是，不限年龄，也不比财资，人们就可参加公民大会，参与议事和审判事务，而对于担任更高级别公职的人员，如财政长或将军，则有更高的财产要求。要解决此问题亦可用前一办法，而现行政体中所遵循的实例也较为可取。因为权力没有交由一个具体的陪审员、议事员或公民大会成员手中，而是掌握在审判法庭、议事会和公民大会这样的机构中，各个个体仅作为全体成员中的一部分而已。于是，人们呼吁将重大事件的决策权交由由众人组成的议事会、审判法庭和公民大会。他们的集体财产将超过一个或数个担任最高公职的个体的财富。

在讨论第一项难题中，我们得到一个结论，即公正的法律是最后决策的依据，而行政人员仅应在法律无法做出一般规定之时行使裁判权，即作为辅助。但是什么样的法律才是合适的，尚无明确说明，难题依然存在。法律的好坏，是否合乎正义必然与城邦政体相对应。因此，法律必针对政体而制定。若事实如此，那么与正宗的政体相匹配的法律就一定合乎正义，与变体或堕落的政体相适的法律就不合乎正义。

章十二

一切科学和技术，其最终目的即是善，而最权威的学科追求的是至善，在政治学中，善即正义，换句话说，就是共同利益。所有人认可正义就是一种平等，这与我们在《伦理学》中所做的哲学探讨相似。人们承认正义存在于事物以及与之相关的人群之中，平等者理应得到平等。但这又引出了另一问题：平等或不平等究竟表现在什么方面？我们需要对此做出政治推测。有人很可能会说，应该按照优选原则不平等地分派公共职位，尽管在其他方面，这类公民同其余大众并无丝毫差别。那些在某些方面特别突出的公民就应该根据其优点分配到相应的权力。倘若这一论断成立，那么凭借面容清秀，或身材健硕，抑或其他优势，也可以要求更大的权力了。这不是明显有错吗？关于这点，我们可借由其他技术和科学来说明。假设有一群水平相当的笛师，任何人都不可能因为出身高贵就得到更好的笛子，也不会因此吹出更动听的笛声，上好的笛子理应赠予一流的笛师。若我讲得还不够清楚，我们还可做进一步阐述。假若有一个笛师，他技高一筹，但出身和容貌逊于他人，即使出身和容貌比笛艺重要，甚至其他人在这些方面优于他的比他在吹奏造诣上胜过他人的部分还多得多，但最好的笛子还是应该归他——除非财富和出身的优势有助于笛艺的精进。再者，照此原则，任何优点都能与其他优势做比较。假如凭借一个给定的身高可以度量财富和自由，则身高也能与任何优点做比较。因此，若甲在身高方面所占的优势超过乙在德行上的优势，尽管一般情况下德行的优势更高于身高的优势，而甲就是更优于乙了。若某一物在数量上优于其他之物，显然这一物可以代替其他之物。但是这种类比是不成立的，即可说明，在政治中，不可能借由种种不平等的原因获取权力。有的人温暾，有的人迅捷，也不可能根据这个就判定人所得的多少，即使在体育比赛中这些优势可能获奖。政治权利的分配应当依据对城邦构成之因素的贡献。所以，贵族、自由人或富裕者便具有更充分的担任公职的理由。那些执政者也必须是自由人和纳税者，一个城邦不可能全由穷人或奴隶组成。若说财富和自由是必要因素，那正义和英勇也不例外；没有前者城邦就不会存在，没有后者城邦就不会好起来。

章十三

若只考虑城邦存在的要素，那么上述一切或若干因素都是恰当的。但若考虑到优质的生活，教育和心灵才是最正当的因素。然而，那些在某一方面平等而其他方面不平等，或是在某一方面不平等在其余所有方面也不平等，一切基于此种原则建立的政体都是堕落的变体。

或许每个人的要求都各有道理，但不是都有意义。富人要求更多的权力，因为他们占有若干土地，而土地是城邦的公共部分，富人通常也较为诚信。自由人和贵族联系紧密，他们提出了同样要求，原因也合理。出身高贵者较出身卑微者更容易成为公民，不仅仅因为尊贵的家族在一邦之内通常会受到敬重，还因为人们认为杰出的祖先往往会培养杰出的子孙，贵族就是所有种群中的佼佼者。同时，德行也是一样。我们也已承认正义是一种社会德行，必然联系着其他一切德行。之所以多数人可以针对少数人提出要求，是因为他们的财富总量、综合势力要超过少数人。倘若贤士、富人、贵族和其他阶层共同生活在一个城邦，他们是否会为政权而起争执呢？显然，这并非前述问题中的任何一种。城邦正是因其执政主体不同才各有差异。富人、贤士，我们可以以此类推。但现在的棘手之处在于当所有这些人同时存在时，我们该做何选择呢？假设贤士的人数极少，我们是否应当对这些少数人委以治理国家的重任呢？就其职能与人数的匹配程度而言，又或者其人数是否必须达到足以组成一个城邦之限度？以出身的高低或财富的多少来分配政权是极不公正的。若依照此种观念，一群人中的领袖必为那群人中最富有者，出身最为高贵的人就有权统治整个国家了。在贵族制或最优政体中，同样的推论也适用于贤能之士。若有一人优于公民团体中的其他任何人，他就可以统治所有人了。而假如是在多数人执政的城邦中，若有一人或一小部分人强于其他一切众人，他们似乎就有理由取代群众成为执政主体了。

以上分析表明，凡人们借以要求统治之权、纳众人于麾下的理由或标准，全是不正当的。对于那些想凭借自身德行或财富当权的人们，群众大可无畏地斥责他们，集体的力量必然胜过少数人的贤能或富有。于是问题也就随之而来，那些企求制定公正法律的立法者是该以贤能的上等阶层的利益为主还是以群众的利益为先？我们业已界定，所谓公正，其真实意义主要在于平等，因而基于平等性的正确原则就是重视国家利益及公民的共同利益。公民的普遍定义为享有轮流执政机会的统治者和被统治者，他们随政体的改变而改变，但在理想的最佳政体中，公民是那些为着高尚的生活而自愿接受统治和施行统治的人。倘使有一人或若干人之德行与才能令他人望尘莫及，这样的人便不能被视为城邦的一部分。倘若他受到的待遇等同于不如他之人，对他来说就是不公正的。因为这样的人在世间上只会被视为神，一切规则和法律与其无关。所以，立法者在制定法律时，只需考虑那些能力和出身都不相上下的普通人，那些超凡入圣者是无须法律的约束的，他们自身便是法律。有些愚昧之人妄想为这类人立法，并常常假借安梯斯西尼的童话寓言中那只狮子的话："尔等爪牙何在？"那时，在动物王国的议会里，兔子正在滔滔不绝地发表演说，演说的内容就是要求一切平等。也因此，民主政体采用了陶片放逐法。在这类政体中平等高于一切，于是，他们就用陶片放逐法来限制或判决城邦中那些积聚了大量财富、结识了众多朋友，政治势力强大的人物。在神话故事中，阿格诺的水手们撇下了赫拉克里斯，便是如此。阿格诺的水手拒载赫拉克里斯，就是担心这样的事实，即赫拉克里斯强于水手们太多。人们把皮里安德对斯拉苏布罗的劝告视为专制手段而加以苛责，但我们并不认为这是对的、公正的。据说，斯氏曾派专使去向皮里安德求教，可是皮里安德什么话也没说，他只是挥了挥手杖，斩断了稻田里特别突兀的稻穗，致使整块田面平整，专使不明其意，只是将情况如实回复，而斯氏却明白了皮里安德的意思是要他剪除城邦里拔尖的人物。此项政策不仅为僭主制所特有，得益者也并不限于僭主，在寡头制和民主制中均属必要，陶片放逐法就是这么一项措施，用以打垮并驱除豪绅乡士。

强权国家对其他地区和城邦实行同样的政策，雅典就曾对塞莫斯岛人、启沃岛人和雷斯波岛人进行过此类征伐。一旦他们掌握了霸权，就会不顾条约、背弃信用，力求征服其余城邦。米迪亚和巴比伦等地区因昔日的繁盛而激起斗志想要有所行动时，波斯也曾几度讨伐过它们。

此刻所讨论的问题有关于所有形式的政体，无论正当与否。若是堕落变体为了私人的利益而采取此类政策，为了公共利益的政体也会这样做。同样的情况还存在于各种科学技术中。就像无论如何美丽，画家也不允许画面中出现不合比例的大脚，造船匠不会容忍舵或其他部分超出比例，乐队中不允许出现更洪亮更细腻的单声。所以君主制仍然可以维持城邦的安定，只要他们沿用固有的统治方式获取城邦的利益。因此，不得不承认，陶片放逐法所依据的是政治公正这一基本原则。假如立法者们一开始就能制定出一套行之有效的政体，那当然比事后补救要好得多了。倘若不得不补救，退而求其次的方法是，尽可能地使用此种或与之相近的措施。然而，各城邦的这些补救法并非出于同样的原因，他们运用陶片放逐法取代固有的城邦机制，目的是谋求私人利益。

诚然，若从堕落变体的立场来看，这种方法无疑是既公平又便捷的，即使其本质并不公正。想要在理想政体中实施这一政策却不太容易，困难并不在于性质上的优越，如政治实力、财富、关系网、受欢迎程度等，而在于面对一位神一样的存在应该如何应对。没有人会认为应当将这种人驱逐。另一方面，他们也不可能受制于人，否则就真如向宙斯宣示统治权一样，人们可以随意让其充任各种公职（但实际上，这是不可行的）。所剩下的唯一选择就是，所有人心甘情愿，顺应自然法则，服从他们的统治。于是，这样的人就成了各国永久的君王了。

章十四

接下来讨论的关键自然转换到君主制的问题上，一种我们所承认的正当的政体。当下的问题则是，一个城邦或国家想要得到井井有条的治理效果，是应该采取君主制政体还是其余形式的政体；或者，为何实行君主制对有些城邦效果明显，对另外的城邦却毫无作用。所以，首先我们需要确认君主制是只有一种还是还有其他若干变体。不难发现，君主制存有多种，相应的政体形式也不尽相同。

有一种见于斯巴达的君主制，一度被认为是所有受法律约束的君主制中最佳的模式。但王权并不绝对，只有领兵出征时，他们才有总指挥的权力。宗教问题也受君主管辖。君王的职责类似于一个拥有无限任期的将领。他们不掌握生杀大权，除非是用在战场上，例如，在远古时代，君主们于出征中用其强权，处人以极刑。荷马曾经在他的诗里描述过，阿格米农王在公民大会中备受诘难，但在战场上却行使生杀大权。他是否说过：

但凡发现有人离岗，
没人能营救你于绝望。
野狗和秃鹰将你撕碎，

而我手里握着的便是死亡。

以上所述的就是一种指挥官式的君主制，当然在这类君主制中，若加以细分，还可划分为世袭式和选举式。

此外，另一种君主制常见于未开化民族中，且其特点近于僭主制。但是这种君主制也是合法的，并且还是由上一辈传给下一辈的。未开化民族比希腊人更具奴性，如同亚细亚人之于欧洲人，他们忍耐性强，不会轻易反抗专横的统治。在这种君主制中自然带有僭主制的特点，因为这些人是天生的奴隶。而合法性和世袭制确保此制度远离被取缔的危险。同时，我们注意到这些君主的卫兵不同于僭主制的卫兵，前者是借由本国臣民的武装进行保护的，而后者则是靠雇用外来武力进行保护的。君主的统治顺应民意并受法律保护，故可在臣民中挑选卫兵；而僭主的统治是违反人民意愿的，因此只能雇用外民。

君主制还有第三种形式，可见于古代希腊各邦，称为独裁制。这种制度可简略定义为选举式的僭主制。它同未开化民族的君主制一样具备合法性，但不同之处在于非世袭。其间，有些人终身任职，有些人只在一定时期内当权，或者直到某一任务完成。例如，皮达古斯曾当选米提林的首领，以对抗安提米奈德和诗人阿尔凯斯指挥的流亡者联盟。阿尔凯斯在他的一篇饮酒诗里提到了皮达古斯的当选是临危受命式的，对此他愤懑不平：

出身低贱的皮达古斯，
竟然统治了和他一样不堪的城邦。
拥趸者此起彼伏，
那景象多么荒唐。

此种形式的政体，一方面其独裁权力具有僭主制的特征，另一方面因为经过选举和征得臣民同意而又具有君主制的特征。至于第四种君主，那是英雄时期的君主。此种君主是合乎政体的，且获得了法律和臣民的认可，能够世袭罔替。他们通常功勋卓著，享有名望，带领人民开疆扩土、建立城市，授以土地田产，因而得到广大群众拥戴，世袭为王。这类君主具有三项机能：在战时作为总指挥，在祭祀时主持祭典，平时担任法律事件的最高审判官。在审判之前，他们有时需要进行宣誓，有时则不必，而宣誓仪式就是举起他们的权杖。在古代，他们享有一种永久的权力，包括城镇的、乡村的和外交方面的事务，后来却逐渐改变了。他们渐次放弃了一些特权，还有一部分的权力被民众得到了，再后来，在大多数的事务中君主的权力也仅限于主持祭典。虽然君主在一些城邦中尚且可见，但其职责旨在担任对外作战的军事指挥。

因此，君主制有四类形式：（一）英雄时期的君主，由人民共同推选，承担固定的机能，担任元帅、法官、宗教仪式主持者；（二）未开化民族的君主，实行世袭制，行使专制但合乎政体的权力；（三）所谓的民选，不过是经由公推产生的僭主制；（四）斯巴达式的君主，拥有世袭的统帅权力，行使永久的军队指挥权。这四种形式各不相同，且仍有与上述四种形式不同的第五类。这种君主拥有绝对的权力，个人为每一事务的主权者，其权力全权代表某一部族或城邦对本部族或本城邦的统治，相当于一家之内家主对家庭事务的管理。正如此，这种君主政体也可看作某一城邦或某一部族或若干部族之内的家务管理形式。

章十五

在这五种形式的君主制中，我们所需考察的只是其中两种，即上述所述的专制式和斯巴达式君主制。其余三种君主制大多居于此两者之间，在它们当中，君主权限超越了斯巴达式，但尚未达到拥有绝对主权的程度。我们探讨的问题即缩减为两项：第一，设立常任制或终身制的统帅是否有益，且这一职位是否采取世袭制或由公民轮流担任？第二，个人能否作为一切事务的主权者？第一项问题属于法律范畴，终身制统帅可以存在于任何形式的政体，因此我们可以暂且不论。君主制之余下问题乃是其另一种形式的变体，故而我们不得不对此问题做哲学上的探究，并简要分析其中涉及的各种困难。

首先我们从最基本的问题入手，即借由杰出的贤能治理城邦是否优于一套卓越的法律体系。那些赞成君主制的人们声称法律只能定下一般性的规定，而无法应对多变的各种情形，因此在任何技艺中恪守成规、因循守旧都是愚昧的。在埃及，医师在完成常规诊断的第四天后便有权酌情改变其医疗方案，倘若他是在更早的时期做出的调整，那么该医师须承担一定的治疗风险。同理可知，明文规定一句一条的法律并非最优法律。但是统治者也要遵循一般原则，且不易受情感影响的统治者优于意气用事的统治者。法律中未包含情感成分，而人们的心灵难免不受情感的左右。反驳者称，个人意志在这方面有所不足，但在另一方面，对于一些特殊问题却可以进行更为周密的思考，故而推出以下结论：君王应当为一名出色的立法家，在他领导之下的城邦也应当有一套完善的法律法规；但在法律不适用的场合，尽管其仍能保持权威性，却不再作为参照准则，倘若出现法律完全不能发挥效用或效果有限的情况，那么就必须借由个人的意志。可是此类权限应属于贤能个体还是全体公民这一问题，又回到了公民权利这一争论上。在现今多数实际状况中，公民大会具有审议、裁决一切事宜的权力，并且他们亦可凭借这种资格裁决法律无从决定或不能解决的事件。公民大会的个别成员的资质恐不如他人，但城邦本是众人的组合，由大众通力协作所筹资举办的晚宴定比个人单独准备的丰盛许多，同样地，在诸多事情中，大众的判断定比个人决策来得准确。

另外，人口基数较多的团体通常比较不易腐化，正如大量的水比之少量的水抗污染能力更强，而单一的个人或群体更易腐败。个体之判断易受制于情绪起伏、喜怒哀乐的干扰，但全体却不会在同一时段同时愤怒并犯错。我们不妨假定一切群众都是自由人，且从不违法乱纪，其所商议的事件都在法律没有明确规定的范围内。或有人提出疑问，认定此类限制不易在全部人中推行，那么我们假定大多数人为善良公民，究竟是个人不易腐败，还是由多数善良公民组成的团体更加稳定？比之而论，难道不应该是后者吗？持反对意见的人们认为集团化易形成派系林立的局面，而个体则不会产生党派之争。对此持反对论调的人，可做如是答复，团体成员也可以是同个体一样具备优良品质的人们。因此，倘若我们定义由众多善良公民主政的政体为贵族政体，而称个人执政的政体为君主制或王政，那么，就城邦而言，我们可知贵族制优于君主制，不论君主的统治凭借武力与否，只需找到同样善良的公民团体即可。

君主制常见于古代各邦，其原因或为当时各地人口稀少，城邦中难以觅得尤为杰出之辈。彼时的君主大都德才兼备，政绩突出，但是随着后来愈来愈多的能与君王在德行和才能方面媲美的贤达之士的兴起，他们不甘居于人下，试图颠覆现行统治，共和政体便相继建立。然而，因为假公济私、中饱私囊等堕落行为，财富被视作荣誉的象征，共和政体快速地转为寡头政体。再后来，寡头制又转变为僭主制，僭主制中又分离出来民主制。当权者贪图附着于权力上的便宜，玩忽职守，敷衍了事，间接扶植了群众的力量，最终后者群起而攻之，建立了民主政体。今日诸邦幅员扩大，人口增多，除民主政体之外，其余任何形式的政体再难幸存。

基于君主制或王制的相对优点，倘使其为最佳政体形式，那么王室子女又该何以处之？若君主制系于一家族之兴衰枯荣，那么王室子女继承其祖业是否合理？假如他们资质平平，定会危及城邦之社稷。君主制主张者或辩称其君王纵有权力也可不必将王位传与子女，但这是一件令人难以置信之事，要做到这点何其困难，非得有常人所不及的高尚品德。另外，至于武装力量的问题也是一难点，君主是否需要一支能够镇压不甘臣服之人的武装力量？若无武力支撑，又何以保障其正常的统治？纵使是在依法而治的地区，纵使君主从不将私人意志强加于民，掌权者仍然需要一支足以维持统治的武装力量。在实行法治、王权受限的城邦之中，此项问题轻轻松松便能迎刃而解。君主应当拥有一支武装力量，其人员数量少于群众，但强过个体或任何一个个人组织而成的团体。在古时，当选的领袖或专制的僭主都会配备一支近卫队。狄奥尼修斯在掌权之后，向叙拉古人民要求建立卫队时，其大臣就建议设置这样有定数的武装护卫。

章十六

此前我们讨论了依法行使治理权的君主，不凭己意做出决断，接着我们将要探讨恰好与此相反的情况，即肆意行事的君主。如前章所述，遵循法律的君主制其本身尚不算是一种政体。因为终身制的统帅可以存在于诸如民主制或贵族制的任何形式之政体中，且众多城邦都设立了决断政事的最高行政长官。其例可见于埃彼丹诺斯，亦可见于奥普斯，只不过后者的权限范围较窄而已。然而，所谓专制的君主总揽大权，推行个人意志，一人操持政务，并且凌驾于一切平等的人们之上，在有些人看来是偏离自然规律的行为。据此见解，那些天生平等的人们，当然必须有相同的权利和价值；故而，将荣誉和名位以不平等的方式分配给平等的人，或是以平等的方式对待不平等者，都是影响极坏的；此情形正如同身体素质之于衣食的配给。因此，公道旨在赋予平等者以相当的权益，让他们既担任统治者又充当被统治者，即轮流执政。这样的结论便意味着以法律为治了，因为建立轮番制度就是法律，那么法治应当是优于人治的。遵循此理，即便是个体的统治更为可取，掌权者也应当成为法律之保卫者或执行者。城邦固然会设立一定的官职，但在若干平辈中集此权力于一人，这显然有悖于公道原则。倘使存在法律不能裁决的问题，通常情况下，个体也无从得解。而法律最大的功用即以其本身的公正精神影响公职人员，让他们去解决法律尚未涉及的剩余问题。法律亦鼓励他们凭借本身的经验修正或改进现行法律中所存在的漏洞及问题。但凡主张法治者乃是崇尚理智和秩序，而提倡人治者无异于在其间掺杂了些许兽性。通常欲望自身都带着兽性的成分，而即使是最为纯洁的灵魂也会因之而堕落，法律即摆脱了一切欲望的理性。就各种技艺中的例证来看，其中也存在诸多的谬误。按照教科书中的规则一板一眼地从事医疗的定是庸医，而善于结合或运用各种技能的医生们要可靠许多。但是医师与政客之间毕竟有很大的不同，医师不会因为偏颇而违背理性原则，他们治疗病患，收取诊金。相比之下，政客往往是出于政见不同而大打出手，时常打击报复与之敌对的一方。倘若人们怀疑医生与其敌人合谋施害于己，他们宁可依照书本进行自我医治。又如医师本人患病，就医于另一医师；体育教练本人在进行训练时，亦可求助于另一教练；人们转而求助于另一中立人士。其原因为他们感觉自身受到情绪起伏的影响，无法做出正确的判断。这就显示了，要追求公道便要借助某一中立的权威，法律即为此类中立的权威。约定俗成的道理比成文的法律更具权威，且其所涉及的问题也更为重要；因此，或许人治比依照成文的法律进行统治更为稳妥，但不比习俗惯例更加牢靠。

另外，一人不可能同时处理一切事务，他需要众多下属官员分担和辅佐。但是一开始就设立不同职位，与等到唯一的统治者选举出来再行任命，有何差别呢？为解决此疑难，我们须得旧论重提。假若贤良之辈合作执政，那么两位贤能必定优于一位。荷马有诗云：

二子同行，必优于一。

又如阿伽门农的祷告词：

愿得谋士十名。

在现今社会，我们亦不难发现，即便诸多行政人员，如法官，有权裁决法律无从断定的案件，仍旧无人怀疑法律在其范畴内为解决争端的最好方式的事实，也无人辩驳法律作为最佳统治手段所起的效用。然而却因为同一原因，即法律的涵盖范围有限，所以应该追求最为完备的法律体系进行统治，还是倚重贤能之士治理城邦，便成了一个争论不休的问题。法律不能斟酌一切细节，因此可设置由多名人员组成的决策层来代替单一的决策者。

每位在法律方面受过系统训练的执政者都能做出良好的决断，要说他们的双目所见、双耳所闻、双手所做、双足所行，不如众人的耳目手足，那简直是荒谬的。实际上，统治者想方设法地利用众人的耳目手足，且任用与其相好或亲近的同僚及亲友。否则，君主的政令将无法推行；而一旦君主与这些人平等，另一些地位与之齐平的人就会认为自己或同辈亦有参政或担任公职的资格。反对君主制或王政的人们，其论调大致如上。

章十七

但以上论述及观点只在某些情况下适用，在另一些情况下就不适用了。无论是王制还是其他形式的君主制或共和制，这些统治所依据的分别是某种公正和有益的因素。但是在僭主制或其任何变体中，由于其违背了自然属性，也就不可能符合人性。从上述论述可以推知，在关系平等的团体中，一人之力凌驾于众人之上，是既不公道也无益处的；无论法律存在与否——他自己即法律，也无论统治者善良还是不善良。即使他的德行远远超过其他所有人——除非他的优越是有特殊性质的，也是如此。我们现下需要考察的就是这种特殊的性质是什么，虽则之前已有所涉及，此处再次予以说明。

我们首先应当考虑，哪些公民团体适宜于君主制，哪些适宜于贵族制，哪些又适宜于共和制。在适于君主制的地方，自然有着这样一种群众，他们中某些人德才兼备并远胜于他人，十分适合做政治领袖；在适于贵族制的地方，自然存在一种人，他们甘愿作为自由人接受那些才德出众、适合充当统治者之人的统治；在适于共和政体的地方，也是自然存在一种人，他们能以法律为依据，各自执行统治或接受统治，而处于富裕阶层的人们也凭借各自的才德分享各种官职。倘若有一家族或个别的某个人确实出类拔萃，远在他人之上，那么这一家族或个人就应当为王为君而拥有绝对的主权，这与公道与否无涉。这种做法完全符合惯常的各种政体创建的相关公正观念，无论是贵族制、寡头制还是民主制，任何政体都有其优越性，只不过侧重方面不一；不过我们需要确定什么是正当，以解释这种做法是否符合我们确立的公正原则。杀掉或流放特别优秀的人以及诉诸陶片放逐法都是不当的做法，要求这些人接受其他人的统治也是不公正的。全体不可能逊于部分是自然而然的事情，但是这种超凡脱俗的人正是超越了这一点。唯一的办法就是他们应该成为主权者，不受任期限制，不与他人轮换，而群众须心甘情愿地接受其统治。

以上结论说明了各种君主制的差异、之于各个城邦的利弊及其适用对象与执行方式。

章十八

我们已述及三类公正的政体，而最优的政体必定是由最优秀的人主持的。这种政体的统治者为个人或某一家族或若干人，他或他们德行超群，远胜于其他所有人；而邦内受治的公民与统治者相处融洽，一方统治，一方受治，且皆有志于过上最理想的生活。

在最初的论述中，我们已经论及善良之人的品性与最优城邦的好公民的德行必然是同一的，因之，个人借以成长为拥有高尚情操的善良之人的途径，显然也是城邦借以创建贵族制或君主制统治的途径。因而，造就一个善良人的方式或途径与造就一位政治家或君王所需的教育和训练是完全相同的。

解决了这些问题之后，我们就可以讨论最优政体了，探究它是在什么条件下由什么方式自然而然地生成的，以及它是如何建立起来的。

第四卷

章一

在一切技术和科学中，若视研究对象为整体，而非零碎的枝节，就须全面考察各个方面。例如，就体育训练而言，我们需考虑适合不同体质的不同锻炼方法，还要探究什么样的训练方法是最好的（最好的训练方法就是最适合天赋优秀且生活富足无虞的人）；其次，哪一种训练方式又最适宜普通大众；另外，还有的人可能并无必要达到专业水准，体育教练或老师则可为他们设计一些标准较低的训练方法。同样的道理也适用于医疗技术、造船技术、制衣术等技术行业中。

显然，之于政治学科的研究同样应该是多角度、全方位的：我们必须考虑什么样的政体是最佳政体；排除外在条件的干扰之后，具备哪些特征的政体可称理想之政体；某一特定城邦适用何种政体。理想之政体极难实现，因而真正的立法者和政治家应当考虑的不能仅仅是绝对的理想政体，还有最符合实际的最佳政体。并且，在给定的条件下，我们还应研究城邦的产生：它是怎样兴起的，兴起之后何以维持长久。我所列举的城邦所实行的政体远非最佳政体，甚至连最佳政体的基本条件都不满足，只有一套较差的政体。

除此之外，还需了解一切城邦普遍适用的政治体制。尽管政治学方面大多数的作家都见解独到，但却不符合实际。我们不仅应当研究理想中的最佳政体，亦须考虑符合实际的适用于所有城邦的政体。而今，有的人倾向于只追求形式完满的政体，其实那是需要具备诸多基础条件的。还有的人满足于谈论易于实施的政体，却拒绝关注目下生活于其中的政体，而只是盛赞别的（譬如斯巴达）政体。一切政体方面的改进都应从现行的体制入手，使人们乐于接受。我们都知道要建立一套新的体制有多困难，何况是对现存政体的改造——摒弃以往之习得的艰辛并不亚于学习新的知识。因此，真正的政治家除了要具备上述素质以外，还应当有能力推动现行政体走上改良之路，这些我们之前已经提及。但除非对所有可能的政体形式都有所了解，否则他将无从下手。人们通常以为只存在一种民主制和一种寡头制，但这种看法是不对的，为了避免该种错误，我们首先应当认清各种政体之间的差异以及各自的内部构成。具备足够政治眼光的人们还应明白何为优良的法律以及政体与法律之间应该匹配恰当。法律的制定应以政体为基础，不能削足适履。政体，可以定义为某一城邦之内的各种官职之组织和架构形式，并由此决定的权力的分配方式和共同体的最终目的。但法律的架构方式不同于政体，它是执政者借以行使行政权力、防止产生违法乱纪行为之规程。因此，为制定相关法律，我们须记取诸种政体之可能的差异及其数目。同一套法律不可能适用于一切寡头政体或一切民主政体，除非只存在一种单一的寡头制或民主制。

章二

在之前（卷二及卷三）的政体研究中，我们论证了三种正当政体（君主制、贵族制和共和制）以及这三种政体的变体（僭主制、寡头制和民主制）。我们业已论述了君主制与贵族制的不同，而谈论“理想的最佳政体”实则就是在谈论贵族政体和君主政体，其二者都须以德行为最终指向并满足若干必要条件。我们阐释了贵族制与君主制的区别，也详述了君主制适用于何种情形。以下我们将要讨论的是共和制政体——既作为多种宪政的通称又作为一种特定政体的专称，以及僭主制、寡头制和民主制三种变体。

区分这三种变体何者最劣、何者次之并不多难。三种正当政体之中最神圣的应该是第一种政体，而这种政体的变体则最为劣等。就君主制而言，要么是有名无实的傀儡政权，要么君主个人确实具备异乎寻常的品德和才略；所以僭主制最劣，它是对应于最好政体的反向极端。寡头制次之，它与贵族制也相去甚远；最终，在此三者中民主制算是较好的了。

曾有一位先哲做出过类似的区分，但是个中观点不同。他设定了一套原则，一旦一切政体形式都为优良的时，民主制便是其中最差的；但反过来，一旦所有政体形式都是恶劣的时，民主制又成了其中最好的。

但我们认为无论何种形式，这些政体都有其缺陷，与其说寡头制有好坏之分，不如说某一形式的寡头制与另一形式的寡头制相较更加不堪。

对这些问题的讨论暂时到此为止。首先须识别各政体之差异及其类型（民主制和寡头制就有多种）；其次，我们还须考察哪一类政体是仅次于理想政体、最能被普遍接受的，哪一类政体既具备贵族制特点且构造良好又能普遍适用；再者，何种政体适用于何种公民团体，例如，民主制较寡头制可能更适用于某一公民团体，而寡头制则较之民主制更适用于另一团体；进而，我们还要考察人们应采取何种方式建立各自不同的政体——民主制或者寡头制；最后，简要论述以上问题之后，我们当尽力说明，在一般或特殊的情形之下，各政体何以被毁灭，何以被保存，导致其毁灭或幸存的缘由是什么。

章三

存在诸多政体的缘由乃是各城邦都是由若干不同部分组成。我们可以见到每一城邦是由众多家庭组成的；在众多的公民中必定会存在贫富之分别，一些人贫穷，一些人富裕，还一些人家庭条件适中；富人配备了利兵重甲，穷人手无寸铁。在平民中，有的是农民，有的是商贩，也有的是工匠。在显贵之间亦有财富和产业方面的差异，就以养马为例，越富贵的人饲养的马匹越多。所以在古代，用骑兵对抗邻邦，以骑兵作为主要军力的城邦多为寡头制。比如，在爱勒特里亚、卡尔西狄亚、迈安德罗河上的马格勒西亚以及亚细亚的许多地方都是这样。除去财富之外的差别，显贵之间的差异还在于门第、德行等方面，这些因素我们之前在论述贵族制时已经提及。这些因素的差异，或全部或部分地决定了政体之多样性。由其组分之差异，不难推断各政体形式之不同。每一政体乃是城邦各官职的组织形式，它遵照某一特定原则进行职能分配，或以不同阶层——如富人和穷人——掌握的不同程度上的权限为依据，或以人们当下所享有的某种平等原则为依据。因此，由于城邦各部分之优越性和差异性，有多少种政体，就有多少种相应的分配方式。

现下人们普遍认为政体只有两种形式，就像人们谈论的风仅被定义为北风或南风一样，而其余的风全被看成这两种风的变种；同样，人们认为政体也只有两种，一类是民主制，一类是寡头制。贵族制被列于寡头制之下，视其为寡头制的一种变体；而所谓的共和制则被列在民主制中，也被视为其一种变体。这就像是，人们视西风为北风的一个变种，视东风为南风的一个变种。由此，据说音乐也只有两种曲调，即多利安调和弗里京调，对其他事务也施以二分法。关于政体的形式，这是最普遍的观点。但是，为了更接近真实，我们采用另外的分类法，即将一种或两种视为正当政体，而把其余的视为它们的变体；此种方法无论是对最优美的乐章还是最优质的政体都适用。于是，我们可把寡头制看成比一般形式更加严苛、更为专制的政体，而民主制就是较为松散、较为温和的政体。

章四

不应该像一些人那样，简单地以为民主制就是多数人执政。寡头制或其他所有政体，实际上都可看作多数人执政；同理，我们亦不可定义寡头制为少数人执政。假定有一个总人口一千三百人的城邦，其中一千人为富人，三百人为穷人，富人不允许穷人享有一切担任公职的权利——即使这些穷人是自由人出身，且与富人在其他方面同等，也不会有人说这就是民主制。又比如，若穷人为少数，富人为多数，但人数占少数的穷人却掌握了全部的执政权，那也无人会说这就是寡头制。因此，较为适当的说法是，由自由人执政的政体就是民主制，由富人当权的政体就是寡头制；而前者人数多，后者人数少，只是偶然存在的事实，毕竟在众人中富裕者本来就少。否则，若以地位的高低来分配职能，或者以容貌的美丑做取舍，那就是寡头制了，因为身材高大或仪表堂堂的人只能是少数。但民主制与寡头制的区别，不仅仅在于财富和自由。这两者都包含了诸多要素，因此需要深入分析；一个少数自由人统治多数非自由人的政体，例如在伊奥尼亚湾的阿波罗尼亚和忒拜（在这些地方贵族作为首批定居者而享有荣耀，但他们在整体人口中占少数），我们不能说那里的政体就是民主制的。同理，我们也不能称一个富人较穷人多而掌权的政体是民主制，例如，在科罗丰，那里的多数居住者都在吕底亚战争前成了大富翁。而民主制的正确定义为贫困且多数的自由人控制政权；同样，寡头制指的是富裕而出身高贵的少数人控制政权。

我们也已阐释了政体的各种形式，并就产生变体之原因做了相关说明。此外，还需解释为何除上述两者之外还有其他政体，它们具体是什么，又是出于怎样的原因。为此，我们可从业已认定的原则入手，即每个城邦不是由一个部分组成的，而是由不同的部分构成。若我们以对动物进行分类为例，要区分动物的种类，首先须明确动物不可或缺的各个器官，如感觉器官、进食和消化器官（口与胃）以及其他各运动器官。假如所有的器官仅如上述列举的那么多，而这些器官都彼此不同——不同种类的口、胃、感觉器官和运动器官——如此，这些器官的组合将产生各种动物（拥有不同口和耳的动物不可能是同种）。于是，有多少种不同的组合，就有多少种不同的动物。同样地，正如城邦之诸多部分要素彼此不同，由此构成的政体亦不同。这些要素中生产粮食的就是农民阶层。第二种被称为工匠阶层，他们从事各种技术性行业，这些行业也是城邦存续的关键；有些技术属于必需，而有些只是为了奢华或高等的生活。第三种就是商贾阶层，即所有致力于买卖活动的人，包括商人和小贩。第四种则是农奴或雇工。第五种是武士，若一个国家不想变成侵略者的奴隶，武士就必不可少了。一群天生具有奴性的人构成的共同体怎能被冠以城邦之名？一个城邦的存在条件即能够独立和自给自足，而奴隶根本谈不上独立和自给自足。因此，我们可以看出，尽管《国家篇》一书在这个问题上论述精彩，但也存在一些缺憾。苏格拉底认为一个城邦由四类必要人员组成，他们是织工、农人、鞋匠和建筑者；后来，他发现这四部分尚且不够，于是加上了铁匠、畜牧者、商人和小贩。所有这些人组成了他所描述的最初的城邦，似乎这样的城邦之所以存在只是为了实现基本的生活，而非为了最终的善，又好像它需要鞋匠一如需要农人一样。等到城邦的领土扩大了，开始与邻邦的领土接壤并引发了频繁的战争之后，才开始添加实现国防目的的士兵阶层。但是，即使在他最初设立的四类公民中，或者无论有多少附加部分，总需要有人主持公正，断定是非曲直。正如灵魂被视为比身体更为真实的一部分，那么与确保生活之必需的阶层相比，士兵阶层、司法阶层以及最了解政治常识的审议阶层，才是城邦最为重要的部分。这几种职能群体到底是分属于几种公民团体还是一个单一的团体，与论点无关；不过，有的人既服兵役又务农事，这倒是颇为常见的。由此可知，若将担当更高职能的人们与提供生活所需的人们等而视之，那至少还应将士兵阶层包括在内。以财富为城邦提供服务的富人是第七种。第八种则是担当公职的行政人员，城邦不可能没有政府而存在。所以必须有人能够胜任统治，连续地或轮流地为城邦服务。余下的两种，即刚才稍稍提及的审议或判决诉讼的人们。这些便是一切城邦所宜具备的公民，尤其是他们的公正品质，因而他们是政治方面的良才。同一个体常常肩负着不同的职能，例如士兵也可能是个农夫或工匠，议事员亦可兼任判决官。并且，人人自认具备政治才能，能够充任大多数种类的公职。但同一些人不可能既是富人又是穷人，这样看来，富人和穷人更应是城邦的两个部分。再者，一个城邦中的富人所占比例总是极小，而穷人的数量则特别庞大，自然两者就构成了同一集体中相对立的两部分，并分别指向以各自利益为主的政体。所以，人们通常以为只有两种政体，即民主制和寡头制。

政体之种类、数目、起因，业已论述。现在我们论述民主制和寡头制之各类形式。百姓和显要彼此不同且各有多种层次。以百姓而论，一类是农人；一类是工匠；再一类是商贩，进行买卖活动；还一类人从事航运事务，他们中有的受雇于海军，有的进行贸易，有的营以摆渡，有的专门捕鱼（在许多地方，这几种人形成人数庞大的团体，如塔伦图和拜占庭的渔民，雅典船舰上的水手，埃伊纳岛和基阿斯的海上商人，忒涅多斯的摆渡人）；除此之外，还应当加上劳工和为生活所迫不得不日日劳作的人以及不自由的人，还有其他各类人。而显要们亦以财富、出身、德行、教育等标准分类。

民主制的第一类变体形式据说是严格遵照了平等原则。在这种民主制中，法律宣称穷人和富人地位相当，且任何一方都不得独占主权，两者地位平等。倘若按照某些人所设想的那样，自由和平等是民主制最基本的准则，那人人以同等的身份最大限度地享有政治权利，就能够最大限度地实现自由和平等了。在一个政体中，若平民占据大多数，且大多数人的意志起决定作用，该政体就一定是民主制。民主制的另一种变体是以财产的多少为依据来选举行政人员，但财产的限额并不高。凡具有一定财产的人都可参与公共事务，而未达到限额的人就被排除在外。第三类变体规定，任何公民只要不存在身份问题，都享有参政的权利，但法律具有最高统治权。第四类变体为所有具有公民身份的人都可担任公职，但法律依然具有最高统治权。民主制的第五类变体，在其他方面都与上一类相似，不同之处在于法律不再具有此种民主制的最高统治权，多数人成为最高主权者，并代替法律行使权力。其结果便是出现了极具煽动力的政客或领袖。在遵循法律的各种民主制中，就没有这种政客，主持政务的都是城邦内最优秀的公民。若不以法律为准，此类政客就会崛起，人们就会变成具有单一复合性的独裁者，这样集体将取代个体掌握政权。荷马说："岂善政而出于多门。"但他所指的"多"究竟是众人的集体统治还是诸多个体的联合统治，我们不得而知。无论如何，这种民主制不依法而治，而倾向独裁，滋长君主式的极权，奸佞小人以阿谀奉承而得势；这种形势下的民主制近乎君主制中衍生的僭主制。两者拥有相同的作风，且都实行专制，迫害贤良。人民专政的命令无异于僭主的勒令，人民专政中的首领无异于僭主制中的奸佞。他们权势熏天、肆意妄为，分别从僭主和上述变体的民主制中窃取权力。人民专政中的首领将一切问题的决策权赋予抽象的人民，借此以群众的命令权来取代法律。他们的权势因此日益壮大，人民名义上为一切事件的决策者，其实人民对他们听之信之，他们还可以主导人民的意愿，最终成了最高主权掌握者。还有那些心怀不满，对行政人员抱有消极态度的人会说“让人民来做主”，而人们自然乐意接受这类邀请，于是一个个权威就逐渐瓦解没落。这种民主制根本就不算是一个政体，若法律失去了权威，政体亦不复存在。在一切问题上，法律都应当是权力的主体，而执政者和公民团体仅有权决定细节，如此，这样的安排才能被视为一个政体。若民主制可为一套政体形式，但在此系统中事事以人民的命令行之，即使按照字面意思也不能称其为民主制，因为命令是不可能广泛适用的。

以上便是平民政体的各种类型及相互区别。

章五

同样地，寡头制也有多种变体，其中一种是关于担任公职的财产要求。尽管穷人占大多数，但这种要求却把他们隔在了政权之外。而第二种变体的财产要求更高，于是政体中的职权便落到了更为富裕的人们手中。若选举完全限定在有资格的候选者之列，则此种政体存在贵族制倾向；若仅从某一特定团体中选出，则是寡头制。第三种变体是父死子继的世袭制度。第四种变体类似于前一种的世袭制，并且执政者的权限还要高于法律。此类变体在寡头制中就等同于君主制或僭主制中的暴君，或者是民主制的最后一类变体。实际上，此种寡头制就是人们所说的王朝统治，或者说“家天下”。

以上就是寡头制与民主制的若干变体形式。需要注意的是，在一些以法律立邦的政体里，尽管它本身不是民主制，但由于人民良好的素质及习性，那里却保持着民主的作风和倾向；反之，有些地方原本是以民主制立邦，实际上却逐渐倾向了寡头制。这种情况常常发生于变革或动乱之后。政体不可能马上被推翻，而在初始时期，执政党满足于胜利之喜，而放任诸多陈规陋习，所以，即便政权落到了变革派手中，那些陈规陋习依然得以留存。

章六

据上可知，寡头制或民主制必有若干种形式的变体。因之必是下述两者中的其一：或是全部人民团体都能分得政治权利，或是只有一部分参与其中而另一部分不得参与。当农民和家道小康的人们取得最高执政权时，他们总是倾向依法治理。他们虽能自食其力，但辛苦的工作使他们没有任何闲暇，于是他们制定法律以作为最高权威，并把召开公民大会的频率降到最低。倘使所有人都能达到法定的财产限额，那一切公民都可参政执政。一般来说，凡不准许所有公民享有统治权的政体就是寡头制，许可的则是民主制。若无充足的资财，他们便不能享受闲暇。这也是一种民主制，而其原因在于各自的经济水平。另一种在逻辑标准上次之的民主制，也以出身为标准。任何达到了这种资格的人，依法皆享有相应的政治权利，但实际拥有闲暇的人们才能真正参政。在这种形式的民主政体中，之所以法律供养最高权力主体，是因为城邦没有收入以供养公共管理。另一种是一切自由人有权参与统治，但权力也并非真能得到行使，原因已如上所述，最终亦是回归到法律。第四种民主制是城邦发展史上距今最近的产物。如当下，各城邦版图日益扩大，政府财政收入连年增加，群众的影响力大为增强，所有人都拥有了参政权利。加之政府实行公费政策，包括穷苦大众在内的一切公民都享有了政治权利。

由于不愁生计，不思家业，群众实际上成了拥有闲暇时间最多的人，但富人却不能如此，他们为事业所累以致无法抽身参与公民大会及审议事务，因而贫苦大众成了城邦真正的掌权者，而非法律。

以上即各民主制之种种，以及其产生之缘由。

至于寡头制，其中一种是大多数人拥有财资，但数量不大，这是第一类变体，它允许一切小康之家出身的人享有政治权利。政权主体如此庞大，法律因而依然是最高权威。此类中产阶级的寡头制有别于个人统治的君主制，并且他们所拥有的财产既不足以让他们获得完全的闲暇，但也不至于需要倚赖城邦的津贴，因此，他们不得不依赖法律，而不是自己取而代之。若城邦中拥有资产的公民减少，但是这些人拥有的资产数额却增加了，这就产生了第二种寡头制变体。他们拥有的财富越多，要求得到的权利也越多，于是他们从其他阶层中挑选合适的人加入公民团体。但他们的势力还未强大到明目张胆地不顾法律，因此他们只得暗暗制定一些代表私人意志的条例。若拥有资产的人数进一步减少，而其拥有的财产数量进一步增多，这就形成了势力更大的第三种寡头制变体。这些人将一切政权把持在自己手里，而且还将父死子继的世袭制合法化。而当统治者拥有巨额的财富以及众多附庸者时，这样的家族政权就接近于君主制，个人的意志就会代替法律。这是第四种寡头制变体，与最后一种民主制变体对应。

章七

除了寡头制和民主制之外，还存在其他两种政体，其中之一（君主制）通常被看作四种基本政体形式之中的一种，这四种政体即君主制、寡头制、民主制和所谓的贵族制。可是在这四种政体之外，还可以增列第五种，它的名称为所有政体共有——宪政体或共和体。由于此种政体实属罕见，因此长期不被研究政体形式分类的论著者注意。他们也同柏拉图一般，只把政体形式划分为四种。贵族制一称正适用于本书之前所论述的政体，因为真正的贵族制政体是由绝对优秀的人以绝对的善构成的，而非某种标准之下的相对的善。在理想城邦中，好人绝对等同于好公民；而在其余城邦中，公民的善只是相对于各自政体而言的。但贵族制既不同于寡头制又大异于所谓的宪政制或共和制，在这种政体中，行政人员的选举不仅要依据其财资数额，还要依据其品质德行。此种形式的政治体系与刚刚所述的两类都有区别，人们也称之为贵族制政体。即使在某些不以培养公民素质为宗旨的城邦中，我们也会发现一些德高望重之人。因此，凡是以财富、道德、人数为基准的一切城邦——如迦太基——都可称作贵族制；而像斯巴达那样，只考虑其中任意两项的，也可称为贵族制，这种政体混合了民主式原则和贵族式原则。由此可知，除了第一种理想城邦的贵族制外，还包含上述两种贵族制；此外，还有另一类形式的贵族制，它具有明显的寡头制倾向，也是所谓的共和制所表现的变体形式。

章八

接着我们讨论名为宪政制和僭主制的政体。我们这样排列，并非由于宪政制或共和制是前一类贵族制的变体，而事实上是，这所有的政体都比不上正当政体的最佳形式，所以被列在变体之内，正如我们在前一部分中业已述及的，所有既已存在的变体都是由这些正当的政体本身所引发的。最后，我们将探究僭主制，之所以将其留至最后，是因为在我们考察的各种政体中，僭主制或专制与其他政体相比，是包含最少属性及特点的政体。

在解释清楚次序排列后，我们先由共和政体开始。我们业已论述了寡头制及民主制的各种定论，共和制的属性自然就较为清楚了。简单来说，宪政制或共和制可谓寡头制和民主制的混合物；人们把更倾向于民主制的混合物定义为共和制，而把偏向寡头制较多的政体称为贵族制，因为那些出身高贵、接受过良好教育的人士一般都属于富人阶层。并且，豪门大户家境优越、衣食无缺、不起歹心、不至作恶，因而赢得了贤达、高士的美称。贵族制推崇最优公民并予以他们显要的地位，而人们很容易自此引申到寡头制，以为寡头制也是由高尚人士统治的政体。若说法治不会存在于受穷人阶层统治的城邦中，贵族制也不可能存在于不实施法治的城邦。但我们也不能忽略，公正的法律若不能充分地执行，政体也无法实现真正的法治。因此，良好的政体有两层含义：一是公民服从既已制定的法律，二是此法律本身为良法，因为人们既可能乐于服从良法，也可能乐于服从劣法。第二层面的意义还可细分为：人们可能遵守那些对他们而言切实可行的最优法律，也可能遵守那些绝对最优的法律。

由此可见，贵族制之主要原则就是选贤举能，而德行才干也是贵族制的标准，正如财富是寡头制的标准，自由是民主制的标准。而在这三种状态中，无论寡头制或者贵族制还是民主制，全都奉行多数原则，即那些享有政治权利的多数人拥有最终决定权。一般而言，在某些城邦中，有一种被称为共和制的政体，这种政体混合了富裕的上等阶层和自由的穷人阶层，通常富人占据着显要的地位。在一个政体中，人们若要分享权力须具备三个条件，即自由、财富和德行，而所谓的第四项要素只是上述条件混合后的必然结果，即高贵的人也必然降生于豪门大族。由此，我们认定共和制即混合了其中两项要素的政体，而涵盖了全部三项要素的政体就是贵族制政体，除了真正最佳的政体之外，它比任何政体都更配得上该种称呼。

我们业已论述了在君主制、民主制和寡头制之外的其他几类政体以及其中的相似及不同之处；而共和制与贵族制彼此近似，差异较小。

章九

接下来我们探讨除去民主制和寡头制外，所谓的共和制为何会出现，它又是如何组建的。试图创建一套共和制，只需首先确定民主制及寡头制之异同，将各自部分之中的相应特征拼合，即可成其类型。对此，人们可以遵照三个准则。第一是同时采用民主制和寡头制的特征。试以审判法庭为例，在寡头政体中，富人如果拒绝出席就面临罚款，而穷人即使出席了也不会得到相应的补助；但是在民主制中，穷人执行职务时可以获得报酬，富人不出席亦不会招致惩罚。若是能找出这两条政策之间的共同点或折中之法，共和制就应运而生了。第二个准则是力求在两政体之中取得一种平衡或折中，比如在民主制中，对公民大会的成员毫无资产要求，即使有限额也通常极低；而在寡头制中，所订立的相应的财产资格却很高，这两条政策明显并无共通之处，所以我们需要对其进行折中。第三个准则为我们可以合并两种政体中存在的部分属性，即从寡头制中取得一部分适宜的法规混合到出自民主制的另一部分法规。例如，在进行行政人员任选时，民主政体常常使用抽签的法则，而寡头政体通过选举的方式决定；另外民主制不会规定财产资格，寡头制则制定了关于财产要求的法规。因此，共和制或贵族制即分别从上述政体中选取适宜的要素，既采取了寡头制中的选举法，又吸纳了民主制中不计财产限额的规定。以上即各种混合的原则。

所谓混合良好的民主制和寡头制，其标准即此政体显现的一切特征，既可称其为民主制又可称其为寡头制。显然，之所以如此描述是因为其无可比拟的优越性，而有如此表象的共和制大抵是两个极端之间最接近完美的折中。在斯巴达的政体中即有如此印证，多数人认为其政体为民主制，因为其体制中包含了许多民主制的特点。例如在青少年的教育方面，出自富裕阶层的儿童与来自底层的儿童享受相同的抚育待遇，而富家子弟所接受的教育亦与穷人家儿童相同，并且在其成年之后，此种原则依然保留，两者之间并无差异。同样地，在共餐制中，富人也与穷人吃同样的食物、穿相似的衣服，没有谁比谁好，也没有谁比谁坏。另一事例可见于各类政体行政人员的选举中。在斯巴达，人民对于本邦两个最高的权力机构分别享有对元老院中长老的选举权，以及参加监察院作为监察官的被选举权。还有些人认为斯巴达是寡头政体，因其政体中亦带有寡头制之特色。例如，他们的行政人员都是由选举产生，而非通过抽签决定；又比如其生杀和流放的大权只掌握在个别人手中，这也是寡头制的特征；另外还有其他一些特征可做说明。任何混合巧妙的共和制似乎都同时具备民主制和寡头制的特点，但似乎又都不具备。此种政体全借由其内在力量得以维持，而非外部条件；且其内在力量倚重的是强大的事实，而非多数人的意志；多数人支持的也可能是一个极其糟糕的政体，而城邦中没有任何人会出面反对本派的政体。以上，我们便论述了何以组建共和制以及何为所谓的贵族制。

章十

对于僭主制政体，可以讨论的内容不多，但它毕竟是政体之一种，故而也应当有所涉及。在之前一卷，我们业已论述了普遍意义上的王政或君主制，也明确了其之于城邦的利弊，考察了何邦何地适宜于何种君主制及其营建方式。

在此讨论中，我们也提出并分析了两种依法而治的僭主制，它们的属性在本质上与君主制并无明显差异。在一些野蛮族群中会推选出拥有绝对权力的首领或独裁的君主，此例也见于古希腊城邦中。而这些君主之中也存在若干差异，若实施法治且受到民众的拥戴即王政，若是听凭统治者个人的专制即僭主制。与绝对君主制相对的第三类僭主制，是最为恶劣的政体形式。在此种情况下，统治者不受任何约束，不承担任何责任，不顾民间疾苦，只贪图个人享受，完全依凭其个人意志统治一切。而任何自由人都不会甘心接受此类暴力统治，因此它也不可能长久。

以上所述即各种形式的僭主政体。

章十一

现在我们应该探讨何种政体、何种生活方式最适宜于大多数城邦和城邦中的大多数民众。在以下的论述中，我们不会采用一套高于常人的道德标准，也不会考虑以自然天赋为前提的教育体系，更不会着眼于上升到了理想高度的政体形式，我们仅考察大多数人和大多数城邦能够企及、能够享受的那种政体。至于所谓的贵族制，既非大多数城邦可以达到，又极近于共和制，因而可以不加考虑。而我们所提出的问题，实则可根据同一标准作答。假使幸福的生活——真如我在《伦理学》中描述的那样——是不受干扰的道德生活，而道德和德行又只存在于中庸里，那最好的生活方式必然是中庸的，且人人都能达到。何况对公民团体或城邦来说，统一的标准一定适用于辨别善良和邪恶，所谓政体即公民团体正在进行的生活方式。

在一切城邦中，所有公民团体都可以被分为三个阶层：极富、极贫以及介于两者之间的中产阶层。人们普遍认为，拥有一份合适的财产总为最好，处于中庸条件之下的人们最能遵从理智。而那些身在任何极端情境的人，或过于美丽、过于强壮、过于高贵、过于富裕，或过于丑陋、过于柔弱、过于鄙贱、过于贫困，都是极容易偏离理性轨道的。在上述第一类人中，极容易出现穷凶极恶的暴徒，而第二类人中极易出现流氓无赖，此两类人或惹是生非或酿成大祸，无不对军事机构或行政机构危害巨大，加之其本性凶残难以管束，很可能对社会生活也造成不可估量的损失。此外，还有那些在势力、财富、关系等方面占有诸多先天优势的人，也是不甘约束、不受控制的。这些缺点在其年幼时便已形成，由于儿童时期所享受的溺爱，他们漠视纪律，在课业学习过程中也不会听从老师的指点。而还有些人，不享有此类先天优势，以致其性格卑劣，走向另一种极端。这种人只知服从和接受，不晓得统治为何物，仿佛是天生的奴隶；而前一类人，漠视自我管束，一心只想统治他人。这样的结果必定是城邦不再是自由人之城邦，而成了充满藐视和怨恨、奴隶主和奴隶们的城邦。没有了善和友爱，整个社会充斥着怨恨和妒忌，在这样的城邦里，人们甚至不愿意在一条路上同行。城邦的构建有赖于平等，有赖于同等人之间的友善，而中产阶层正具备此种特征。由此我们可以认定，以中产阶层为主体的城邦最合乎其自然属性，定能达到最佳的治理效果。相比于其他公民团体，中产阶层的性质最为稳定，他们互相之间既不会贪图别人的财物，也不担心他人觊觎自己的所有，因而他们不用同富人和穷人一样相互算计、互相防备，因而生活在相对自由的环境中。我们可以引证波西里底的祝词：

无过不及，庸言致祥，
生息斯邦，乐此中行。

如此看来，以中产阶层为基础的城邦定能获得良好的治理，因此是最优的政体形式。一旦这一阶层的势头强大到超过其余两个阶层之总和，或者超越于其中任何一方，足以撼动整个政局之时，就将起到平衡的作用，从而防止形成一头独大之趋势。因此，一个城邦的最大幸运就在于它拥有大量的中产居民。而在极穷或极富的地方，其结果若非极端的民主制，就是极端的寡头制，甚至可从此两者发展成专制。僭主制要么出自鲁莽的民主政体，要么出自暴虐的寡头政体，极少出自拥有大量中产阶层的政体或情况与之类似的政体。至于其缘由，待到我们讨论政权更迭时再做论述。毋庸置疑，中庸政体即最佳政体，不存在党派，就不会发生党派之争，在中产阶层人数较多的城邦便很少发生这样的争执。而之所以大国纷争较少，其原因正在于此；与此不同，较小的城邦很容易分成两派，其公民非富即贵，少有中产，所以极易出现分崩离析之象。民主制的属性较寡头制更稳定且持久，多是由于中产阶层人数较多，且权力分配较为均衡；若一个政体中少有中产阶层甚或没有，穷人占据了大多数，城邦就很容易发生内讧，政体也很快会瓦解。最优秀的立法者往往出自中产阶层，如大名鼎鼎的梭伦，他的诗歌可为证；李柯古斯，他并非如所传说的那样出身贵族；还有加隆达斯等众多立法家。

上述论断足以解释何以大多数的政体不是民主制就是寡头制。首先主要是由于在多数政体中中产阶层人数极少，富人和穷人哪方得势，哪方就会建立对其有利的政体，也就是寡头制或民主制。其次，一旦发生党派纷争，两方都拒不相让，就难以在城邦之中建立起一个利益共享的政体。再者，即使是希腊那样的大国，称霸的团体也只会关注自身的利益，一以民主制，一以寡头制，全然不顾所谓的共同利益。上述原因也解释了中间形式的政体何以从未建立起来，即使有也极稀少。只有一位统治者曾经纳谏，尝试建立此类政体。而现今各邦早已形成了习惯，几乎无人关注平等问题，每个人都极力去操控他人，如若此种尝试失败，就屈从于他人的统治。

如此，我们不难明白何为最优政体及其最优之原理。既然最优政体既已确定，那对于其他政体自然就能清楚地排序——愈近于中庸政体的必然愈好，而愈远于最优政体的必然愈劣，我们的这个判断是基于普遍的情况而非某种特殊前提。所谓的特殊前提，即人为与客观事实，因为我们无法阻止人们的选择和某些客观存在的因素。

章十二

接下来我们要探讨的是何种政体适宜于何类公民。为此我们先假定一条对一切城邦普遍适用的公理，即任何城邦中维持现行政体的声音总是大于推翻或改良的声音。于是在每一城邦中都存在质和量两个方面。所谓质和量，分别是指性质和数量，前者包括自由、财富、教育和出身，后者指数量上的优势。质和量各形成组成城邦的各种元素。比如，出身低微的人可能较出身高贵的人多，而穷人也比富人更多，但量上的优势平衡不了质上的劣势，两者必须同时加以考虑。因此，倘若穷人在数日上超过富人且能够弥补其在质上的不足，那就必然会形成民主政体，而这种民主制的形式又取决于民众在其中所占据的优势。例如，假如多数人为农民，就会形成第一种民主政体；若这些人多数是工匠或劳工，则会产生最后一种形式的民主政体；依此类推可以得到其他中间形式。反之，若富人在质上的优势超越了其在量上的劣势，就会出现寡头政体，而各种寡头制的变体也是视其中寡头团体所占据的各种优势而定。（立法者常常拉拢中产阶层，使其加入他们所制定的政体。他们可以制定寡头制或民主制的法律，但也不得不考虑中产阶层的需求和利益。）当中产阶层的人数超过了其他两种政体人数的总和时，或者至少是超过了其中之一，此种情况下的政体就会较为稳定。于是，不会有富人和穷人联合起来反对中产阶层，而富人和穷人也不会愿意向对方低头，假如存在一套政体足以同时满足他们的利益，就再好不过了。双方都不愿意轮流执政，更不存在相互信任。因此，中立的仲裁者便能在最大程度上获取双方的信任，中产阶层正是这样的仲裁者。在某一政体中，所有因素越是平衡，政体就越稳定，越能维持长久。试图创建贵族制的人士，常常忽略了以下事实：他们总是赋予富人过多的权力，还试图欺骗民众。伪善必会导致恶果，富人对于政体的侵害比之平民更加严重。

章十三

各种寡头制欺骗民众的方法有五种，分别是公民大会、行政机构、审判法庭、武器私有和体育锻炼。全体公民必须出席公民大会，但只对不出席的富人采取罚款等惩罚措施。对于行政机构，那些拥有财产资格的人不能谢却公职，但穷人可以。关于审判法庭，对于不参加者的惩罚方式类似于公民大会的惩罚方式，加隆达斯的法令也如是。关于公民大会和审判法庭，有的城邦还实施一些其他规定。所有接受登记的人都有权参加公民大会或审判法庭，但若登记了却不出席，就会招致重罚。他们借此减少登记的群众数量，并达到将其排除在权力主体之外的目的。至于武器私有和体育锻炼，也有着相似的规定。穷人不许持有任何武器，而富人没有武器就会受罚。穷人可以不必为不参加体育锻炼而担心，但若富人不参加则会受罚。

以上是寡头制立法者经常采用的不良手段，民主政体中同样存在。穷人出席公民大会和审判法庭可以获取一定补贴，富人不出席也不用受罚。但若要使双方都得到公平，我们可以合并其某些要素，使出席的穷人获得补贴，缺席的富人受到惩罚。若此，贫富双方皆参与了公共活动，反之，一旦失衡，政权就会偏向其中一方。因此，以拥有武器者为基础的一定是共和政体。至于财产的限度，不可能有一个定额，我们应当设法找出可能的最高限额，以保证可以分享政权的人在数量上超过不能分享的人。如此，即使穷人无法参与各种事务也不会有所怨恨，只要不对他们施行暴政和掠夺。但这并不是一件容易的事情，那些手握大权的人不会怜悯弱势人群。例如，在战争期间，若穷人衣食困难，无法生存，他们是不会服从命令的，只有给予生活补给，他们才会愿意前去执行任务。

在一些政体中，公民团体既包括了正在服役的人员，也包括了已经退役的人员。例如，马里人的政体就是这样构成的，但各种公职只能由现役人员担任。在古希腊，军人作为君主制之后次优的政体的公民团体，是当时政体最主要的组成部分。他们多是一些骑兵，而在古代，骑兵即城邦最强大的军事力量，也是参与战争的主力。当时的步兵作战尚无战术体系，在战场上毫无作用。但当城邦疆域拓展、步兵人数增加之后，许多的步兵也有机会参与政权。而我们所说的共和制在当时就成了民主制。旧时的政体多用寡头制或君主制，那个时候，小国寡民、地薄人稀，根本不存在成规模的中产阶层；人口数量偏少，生活散漫无组织，便更容易被强者统治。

我们已阐明种种政体的形式，也已解释了各政体形式之间的差异及其缘由；此外，我们还论述了一般情况下何种政体适宜于何类人群以及何种政体可称最优。

章十四

对于此种政体，我们必须分而论之。为解决此一问题，我们必须寻找一个适当的准则。任何政体都包含三种要素，而优秀的立法家必须考虑，在此三个要素下，哪一个组合是对所有人都有益的。合理的组织必然会得到合理的政体，组织方法的不同直接导致了政体的不同。此三种要素中第一项即与公共事务有关的议事机构，第二项要素与各种行政机构有关，它需要解决行政机构为何、做些什么事以及通过怎样的方式来进行选举，第三项要素为司法机构的组成。议事机构主要负责战争与和平、联盟与解盟等事项，它还兼管法律的制定，以及司法中死刑、流放、没收财产的案件，行政人员的选举和后期审查。这些权力必然有三种安排途径：不是所有公民进行裁决，就是若干公民做出裁决（或交付某一个或数个行政机构，或把不同的问题分派给不同的行政人员），要不然就是把某些事项委派给全体公民裁决，而把另一些事项交付某些公民去审议。

在其中，把一切问题交给所有公民审议，乃是民主制之性质，它包含的这种平等正是人们所渴求的。不过具体的实施途径可以有许多种。首先，所有人都可以依次轮流执行这种任务，他们没必要同时挤在一处，这就像是米利都人铁列克莱司所设立的政体一样。（其他的一些政体中，诸多行政人员在某一团体里合计、审议各项事宜，但所有公民均可轮流执政，即便是各个部族中的最小部分或单位也一定会轮到。）而群众的集会，他们仅讨论各种法律的制定、处理政制方面的问题，以及听取行政人员的报告。其次，全体公民召开集会进行审议，但仅处理执政者选举、法律制定以及战和事宜的问题。其他事项将留待各行政机构各职能部门去审议，行政长官是从全体公民中选举或抽签产生的。再者，公民集会选任行政人员并考核其政绩，审议战争与结盟等政策问题，其他各种事情则留待各类官员处置，这些官员应当具备相关经验或通晓其所掌管的业务，其任用也应尽可能地公开，使每位公民都有受任的机会。最后，公民集会审议一切问题，任何行政机构都不具备决定权，只有权做初步的考量。这就是现今存在的最后一类民主政体所采取的方式，如同寡头政体中的家族政权或君主政体中的僭主制。

以上的几种议事方式都是民主制的，但由多种不同的方式来实施，某些人审议一切事项就成了具有寡头倾向的性质。当议事人员的财产资格较低时，通过选举就会产生众多的议事人员，他们不应变更法律上不准许更张的事项，而是应该遵从法律，任何拥有规定的财产限额的人都可以在政体里享有应得的权利。由于其温和性，这种形式的寡头政体有共和政体的倾向。当一些特定的人选而非全体公民参与议事时，虽然他们应该像从前一样遵从法治，但寡头制的特征已经很明显了。当议事人员只是从掌握了议事权的人中间选任，且具有世袭习惯，而且他们的权力超过了法律时，这种体制就不可避免的是寡头政体。由特定的人审议特定的事情，例如，一切公民可以审议战与和、行政人员的考核等问题，但仅有当权者可以行使上述权力以外的其他权力，而这些行政人员皆由选举或抽签产生，这就具有贵族制或共和制的特征。如果一些事项由选举产生的人员审议，另一些事项由抽签产生的人员审议（抽签对一切人或者符合条件的候选人开放），或由选举和抽签产生的行政人员共同审议，这样的安排便既有贵族政体的特点，又有真正的共和政体的特点。

以上即各政体之各议事机构及议事方式，由此看来每种政体都有其不同的议事方式。当今所谓最民主的政体（我所指的是群众的权力凌驾于法律之上），在法庭审理方面应该采用各种寡头政体所实行的政策。在寡头政体中，借由罚款，迫使富人出席审判；而民主政体中则发放津贴促使穷人出席。民主政体应在公民大会中采取同样的做法使所有人都共同出席议事，结果自然更加有益；普通大众与权贵显要一起议事，更利于民主制的实行。而从城邦的各部分中选出相等的人数参与议事，无论是通过选举还是抽签，这样的做法都有益于所有人；假如平民的人数远超德才兼备的贤达人士，就不必向所有人发放出席补贴，而只需发放给那些额外超出的平民，以避免平民人数超过富人太多。对于各种寡头政体，有利的做法是从群众中补选若干人员担任议事职务；或者像某些城邦那样，设置一些名为审议会或监察会的机构，而公民则讨论这类机构预先审议的事务（如此，广大平民都享有了议事权力，也就不能对现有政体的一切法规造成侵害了）。再者，在寡头政体中，群众对于当局或当政者的提案只能表决同意，或全体公民均可提出意见，但最终决定权还是掌握在行政人员手中。而且后者一旦实行，须采用与各种共和政体相反的办法。人们作为表决者，拥有否决权，但不能拥有同意或通过的决议权，提案最终的决议权还须交由执政者。而各形式的共和制所采取的措施恰恰相反，少数人拥有否决权，但不能通过提案，最后的决议权还是由多数人持有。

对于政体中各主要构成部分的议事职能的讨论，暂且到此为止。

章十五

下面我们探讨各执行机构的职能分配问题。如同构成政体的其他要素一样，职能分配也存在诸多不同形式。其差别体现于数目、权力范围、任期等方面。在有些城邦中，有的任期为六个月，有的可能更短，还有的可能为一年甚至更长。与此同时，我们也应当考虑此类任期是否为终身制或长期制，又或者为短期，以及是否准许同一个人连任，抑或仅以一任为限。其次，就任命而言，谁能担当此职，谁又有权进行任命，以什么方式任命。我们只有清楚了各种可能的形式，才能据此决定哪类组合、哪些执行方式适合哪种政体。而“执政者”一词是何含义呢？这是个较难回答的问题。一个政治共同体有赖于众多的执政者，但我们不能就此认为凡是经由选举或抽签产生的人都是执政者。比如，祭司等神职人员，他们就与政治官员不同。此外还有合唱队领队、传令员、出访外国的使节等。政治官员的职能大抵有三：其一是在某项活动上主管全体公民——如将军在战场上指挥全军，或者是专管部分公民——如妇孺的监护官；其二是管理城邦的“家务”，如各个地方负责谷物分配的行政人员；其三，还有一些较低级的附属职能，富人常常派奴隶履行这一类职务。在所有的职位中，拥有最大执政权的应是那些在审议、决策以及发号施令方面担任官职的人员，而最后一类尤为权威。但在实际情况中，这一分类却毫不重要，谁也不会因为这一名词的称谓就对簿公堂，追究其法律责任，不过是在进行研究之时顺便提及罢了。

我们考察一切问题时，尤其是讨论弱国小邦时，要特别重视其公职的职能属性及数目，哪一类为必需，哪一类又对一套优良的政体有益，诸如此类。在较大的城邦中，通常设有许多官职，因其人口众多，便于人人充任分享政权，这种做法亦是无可厚非。同理，有很多人必须在时隔经年之后，才能再次出任同一官职，还有若干职位以一人一次为限；毫无疑问，后一种专人司专职的政策要比一人兼多职的法子妥当得多。在小城邦中，常见的情况是许多职权集于少数几人手中，因为邦内公民较少，便不能使许多人同时出任公职，即便所有人都出来当职，也无法找到足够的后继者。诚然，较之大国，小邦也需要同样的法律和不同职能的执政者，只是大国的需要是持续不断的，而小邦只在间隔若干时期后才偶尔需要。故而小邦的行政人员无论如何必须身兼数职，但这些职能不得互相侵越。在人口甚少的区域，执政者可以监管多项事务。倘若我们能事先得知一个城邦之必需的职能部门以及非必需但理应设立的若干机构，那么，有关哪些职能可以合并的问题就迎刃而解了。另外，就地方与中央的关系而言，我们还必须分清各自的职能，哪类事务由地方监管，哪类事务又该由中央统筹。比如市场秩序，我们应当任由各地方自己任命监管人员，还是委派一人负责全国市场的监管？又比如，有关职能分配，是应以职责为根据，还是以人之类别为依据？最好由一人主管治安事宜，还是由不同的人分别管理妇女和儿童的事务？各种政体在官职设置方面是否也有所异同？在民主制、寡头制、贵族制以及君主制中，其行政机构和职位组成是否类似，即使他们来自不同的阶层和社会群体？比如，在贵族制中担任公职的人员普遍受过良好教育；在寡头制中，官员多来自富裕阶层；在民主制中，执政权来自自由人群体。或者，行政机构也如同执政者一样随政体的改变而不同？设立相同的职能机构在某些方面是有益的，但并不总是适宜的。例如，在若干不同的政体中，同样的职能拥有的权限，可能相当，也可能相差颇大。有些职能部门或为某一政体独有。例如，议事预审会就不等同于民主制中的行政会议或议事会。应当有某种机构为群众做好某些前期的审议工作，以免耽误人们的本业，但若此机构仅掌握在少数人之中，那就具有了寡头制性质；而议事预审会的出席人员为少数，它就定然属于寡头政体。还有的地方，同时设立了议事预审会和议事会，后者就具有限制前者的功能，议事预审会为寡头性质，而议事会是民主的。在极端的民主制中，议事会因民众热衷于所有国家事务而被弱化了。群众时常组织开会，讨论所有事宜——由于高额的会议补贴，人们根本不用担心吃穿问题。而掌管妇孺事务的监督官员或担任类似的监督性质的官员则仅见于贵族政体，不见于民主政体（对穷人的妻儿进行管制监督是不可能的，因为穷人要外出谋生），也不可能存在于寡头制中，因为富裕阶层的所有人都过着奢侈的生活。

以上问题的讨论就到此为止，下面我们来详述行政人员选任事宜。选任标准主要有三：何人任命？任命何人？以何方式？而由此三个方面又可引申出三种差别：（1）由全体或者一部分公民选任；（2）从全体公民中选任，或者在某些符合条件，在财产、出身、品质等方面有资格的公民中选任——麦加拉的行政人员就只在抗争过民主制的流放人员中选任；（3）由选举或抽签决定。以上差别之组合也产生了相关差异，如：某些职位由一些人任命而剩余的由全体公民任命；有的从全体公民中选举产生，还有的出自特定的部分人群；还有部分经由选举、其他经由抽签决定的。此处所述三类差别，每一类又可细分为四种方式。第一种或由全体公民从全体公民中选举产生，或由全体公民从全体公民中抽签决定；在从全体公民中选任行政人员时，既可以把民众归到部落、街区和宗族中一一轮选，也可以始终从全体公民中选拔，选举的方式有时是选举有时是抽签。第二种是某些人负责任命，他们通过抽签或选举从全体公民中选拔出行政人员，也可能是在特定的人群中进行选拔；或者是综合了多种方式的组合，我指的是一些官员从全体公民中选举产生，另一些官员通过抽签产生。这样我们一共能够得到十二种不同的方案。在这些方案中，有两种具有民主制性质，即由全体公民从全体公民中通过选举或抽签的办法来任命，或者同时采用两种方法，也即有的通过选举产生而另外的通过抽签决定。又如，不是同时从所有公民中或从某些公民中采用选举或通过抽签或混合两种方式来一起选任一切行政人员，而是有些官员从全体公民中产生有些从部分公民中产生，有些通过选举有些通过抽签，有些同时采用两种方式（既采用选举又采用抽签）。以上方式具有共和制的性质。有的官员从全体公民中或通过选举或通过抽签或通过这两种方式（一些通过选举另一些通过抽签）产生的做法就具有寡头性质，兼取两种方式任用官员就更有寡头性质。有的官员从全体公民中选任，有的从某些特定公民群体中选任，有些职位既可以通过选举产生也可以通过抽签产生，这种做法近似于贵族政体之下的共和政体。

某些职位从特定人群中选举产生或抽签产生（此方法不一定见于寡头政体，但其性质相同）是寡头政体的做法，或者由某些人从某些特定人群中同时使用选举和抽签两种方式选任。而由某些人从全体公民中或由全体公民从部分人中选举产生官员的做法则近于贵族制政体。

上述各种官职任选的方式，各自对应着不同的政体。清楚各官职的行政职能之后，就可以区别对应于各政体的有益的官员任选方式及其途径。所谓的行政职能，也就是管理财政或军事防御方面的职权；将军的职责与权限与负责管理市场契约的行政人员的职权明显不同。

章十六

在审议权、行政权和司法权中，最后一种还需讨论。遵循上例，在行使司法权力的法庭审判中也有三项要素：（1）法庭成员的构成；（2）法庭处理什么事务；（3）法庭成员的任命方式。与上述三要素对应的是：成员问题在于由全体公民还是部分公民构成，处理事务泛指法庭的职能分类，任命方式即选举或抽签。

依据其职能，法庭可分为八种：第一种是审查或监督行政人员的法庭；第二种为审理违反城邦共同利益的犯罪行为的法庭；第三种是负责所有有关政体或城邦案件的法庭；第四种是受理行政人员或私人投诉的刑事案件的法庭；第五种为处理各种契约方面的私人纠纷的法庭，这类案件十分重要。第五种中还有分别负责审理凶杀案件和涉外案件的法庭。凶杀案件有很多种形式，既可由同一法庭审理也可由不同的法庭审理；有的案子属于蓄意杀人，有的则是无意的；可能罪犯已供认不讳，而审判官员还有所争执。第六种类型的法庭专门负责审判那些曾经杀人，之后畏罪潜逃又归来的罪犯，例如，雅典曾经有过一所称为弗里阿托的法庭，但这类案件在大城邦中还是比较少的。此外，有两种负责涉外案件的法庭，一是负责处理侨民之间的诉讼案件，二是受理侨民与本邦公民之间的诉讼案件。而专门解决私人之间契约纠纷的就是第八种形式的法庭，诉讼的费用为一至五德拉克马，必须做出判决的案件的花销可能会稍大一些，但此种案件的审理不需要多名陪审员。

关于琐碎的合约诉讼、凶杀和涉外案件的几种审判法庭不用再述。相比之下我更愿意讨论那几种关系到城邦政治的法庭，因为那些案件若处理不当，很可能会导致政体的动乱和分裂。

若是全体公民都参与法庭审判，并且遵照上述形式判决一切，就要通过选举或者抽签来决定陪审员，或者部分通过选举部分通过抽签。又，若是这些人只负责某一类专门的案件，也要通过选举或抽签产生。如此，选任陪审员的方式就有四种，同样，若是只从部分公民中选拔陪审员也有四种方式。此外，还可以从部分公民中选举或者抽签选任陪审员，负责审理一切诉讼案件，抑或一部分通过选举而另一部分通过抽签；有的法庭在审理同类诉讼案件时既采用选举的办法又采用抽签的方式。这些方式也和前面那些方式相对应。

同样地，上述的各种选任方式也可以彼此组合，或者可以从全体公民中选拔或者从某些公民中选拔，抑或共同采取两种方法——同属一个法庭的成员可以部分从全体公民中产生，部分从某些公民中产生。而且，选拔的方式既可以是选举，也可以是抽签，抑或兼而有之。

以上所列即为法庭之各种形式。第一种从全体公民中选任法庭成员，再由法庭裁决一切案件，此为民主制的。第二种从部分公民中选任法庭成员，也由法庭审理一切案件，此为寡头制的。第三种将前两种结合起来，若干成员选自全体公民，若干成员选自部分公民，此为贵族制或共和制的。

第五卷

章一

我们为自己设定的研究框架至此只剩最后一个课题了。接下来要考虑的就是各个城邦的变革，有多少个城邦需要变革，这种变革又是什么性质的。是何种原因致使了一些城邦的衰落，这些城邦在衰落之际又做出了怎样的变动。同样，各城邦采取的主要是什么样的维护模式，而某些特定的城邦又应当采用什么样的维护模式，城邦采用怎样的方式才能得到最好的存续。这些问题都需要考虑。

之前已经说过，首先要明白我们的出发点是对司法和适当程度的平等的承认，这已经出现在各种形式的政府当中，虽然人类在这一点上没有取得成功。例如，民主就源于这样一个观点：在任何一方面都平等的人在各个方面都能实现平等。因为人类是同等自由的，他们有权要求绝对平等。而寡头制的基础就是这样一个理念：在一个方面都不平等的人，在任何一方面都不应当是平等的。而不平等的意思就是，他们觉得自己在财产方面占据了优越地位，在其他方面也理应占先。民主人士认为既然他们是平等的，他们就应该在所有事情上都平等。而寡头世家认为，既然他们是不平等的，所以在其他方面也索要很多，这就是一种形式的不平等。两者都认为自己是正义的，但他们所坚持的正义实际上并非绝对的正义。因此，无论是哪一方，一旦他们的所得未能达到他们的预想，就会搅起变革的旋涡。那些在德行方面占有优势的人在叛乱时也拥有最大的优势（因为他们有正当的理由被认为与别人完全不平等），但这种人往往不最先发难，而是选择最后出场。有地位的人往往有一种优越感，他们被认为是贵族，因为他们的祖先要么很富有要么很有德行。由此，变革的缘由和动力都有了，从而引起了政府两个方面的变化。当人们为了从一个既已存在的政体形式变到另外一个政体形式——诸如从民主制向寡头制或从寡头制到民主制，或者从它们中的任何一个到共和制或者贵族制或者恰恰相反——而上下求索之时，就必然会影响到宪法。不管是民主制还是寡头制，当人们试图在不影响政体形式的情况下争夺统治权时，这种变革并不会影响到宪法本身。此外，尚存在程度的问题，无论是寡头制还是民主制皆是如此。同理，其他政体的特征也会或多或少地得到严格的保留。也许变革只是针对宪法的某一部分，诸如推翻或者建立一个特别的行政机关：在斯巴达，吕山德意图推翻君主鲍桑尼亚及其公共工程官员的统治；在爱庇丹努斯，变革的需求也是部分的。议事会取代了部落长老，但至今为止，当有选举时，地方行政官员还是统治者阶层中唯一被强迫出席陪审法庭的成员，执政官只设一人，这些是另一种寡头制的特色。无论在哪里，不平等总是变革的一个原因，而不平等也是不均衡的。例如，在平等的环境中却存在一位永久的君王；而通常，平等的愿望也是在叛乱中产生的。

现在，平等分成了两种，一种是数值的，另外一种是比例值的。第一种指的是在数目或程度大小上的相同或者平等，第二种指的是平等的比率。例如，三超过二的部分在数值上相当于二超过一的部分，而四超过二的比率和二超过一的比率是一样的，因为二在四中占的部分相当于一在二中所占的部分，都是一半。在我这样说之前，人们总认为抽象意义上的司法是有比例的，但它们的不同在于有些人认为只要他们在任何一方面平等，他们就是绝对平等的，而另一些人认为如果他们在任何一方面不平等，那么他们就是完全不平等的。由此形成了两种主要的政体形式：民主制和寡头制。因为优越的出身和良好的德行都很稀有，但财富和数字却很常见。在一个城邦里我们去哪儿找一百个出身好且德行优良的人呢？而有钱人却到处都是。如果一个城邦想要依靠此两种平等之中的任何一项来简便而彻底地使其城邦秩序井然，这并不是一件好事，证据就是这种政体未见长久的历史事实。因为它们原本就建立在一个错误的基础之上，因为它们开始就很坏，所以结局也好不到哪儿去。因此我们可以得出一个推论，即两种平等都应该使用，在某些方面应当使用数值的，其他方面应当使用比例值的。

确实，民主制似乎比较安全，与寡头制相比也不容易发生变革。因为寡头制面临着脱离平民和寡头群体的双重危险。而民主制只需关注与寡头群体之间的争端即可，平民内部的纠纷不值一提。但我们可能注意到了，由中产阶层组成的政府比寡头制更具民主色彩，同时也是不完美的政体形式中最为安稳的一类。

章二

为了考察纷争和政治变革是怎样产生的，我们首先必须确定它们影响政体的根源及其导火索。这个问题可以分解为三个，我们现在就将一一展开，予以说明。我们应当知道：（1）这些挑起动乱的心理状态是怎样的；（2）他们制造这种情绪的目的为何；（3）政治动荡和纠纷发生的契机。最普遍和主要的变革情绪前面已经论述过了：有些人煽动变革，乃是因为其内心对于平等的欲望——当人们觉得那些与自己身份相当，地位齐平之辈占了便宜的时候，他们就认为自己吃了亏；另一些人图谋变更，乃是由于其内心充满特权欲望——当他们觉得自我较他人更加优秀，但得到的东西却不比他人，或同比更低等的人，所得甚至更少的时候，同样也会心生不满，群起发难。这些追求中，有些可能是合理的，有些却是不合理的。低人一等的变革者是为了使自己获得平等，而业已获得平等的人则是希望通过变革，取得高人一等的位置。这就是变革由以产生的心理状态。其背后的动机乃是基于利益和对荣耀的欲望，或者无非是为了逃避损失和对耻辱的恐惧；在某些情况下，变革者仅仅是为了自己或者自己的朋友能免于惩罚和侮辱而不惜酝酿一场动乱。变革的根源或开端在于上述方式引发人们按照既定去做事的心理状态，从一方面看可以是七种，而从另一方面看可能不止七种。这其中两种业已提到，但是它们通过不同的方式发挥影响。人们通常因为利益和荣耀引起争端——但并非如我之前所述，为了满足其自身渴求，而是眼见别人拥有产生的一种正当或不正当的心理，从而过度关注。其他的原因则诸如傲慢、恐惧、优越感、轻蔑，或是城邦某些方面不合比例，非均衡的畸形增长；另一些原因有选举舞弊、政事懈怠、对于细节的疏忽以及城邦各个组成部分的比例失调。

章三

在这些原因中，傲慢和贪婪应该对变革的发生负多少责任，它们又是如何引发变革的，都显而易见。一旦地方行政官员开始变得傲慢而贪婪，他们就会内讧，破坏赋予他们权力的政体，牺牲或侵吞他人或公共的财产，从中牟取私利。荣誉之于变革有何影响，如何成为其根源，理由都非常明显。反叛事件会使一部分人感到屈辱，他们不得不眼见着他人获得荣誉。而只有荣辱与功过匹配之时才是公平的，否则，即是不公平。

另外，当一个人或者一些人掌握着城邦中过大的权力，远非全部公民力量之总和所能比拟时，优越感就成了变革发生的另一个原因，这种状态下容易形成君主政体或者家族式的寡头政体。因此，在一些地方，如雅典和阿哥斯，他们就采取陶片放逐法。但如果从一开始就防微杜渐，避免这类杰出人物的出现，自然比在其得势之后，再试图寻找补救的方法更加有效。

另一种变革的根源就是恐惧。有的人为非作歹，却害怕受到惩罚，另一类人则担心受不白之冤，因而急于先发制人。在罗德岛贵族们密谋通过诉讼来威慑人们，让后者恐惧，以避免自己身陷大狱的命运。

轻蔑又是造反和变革的又一大源头。例如，在寡头制中，当那些在城邦里没有发言权的人成为多数时，他们就会造反，因为他们认为他们才是强者。或者，在民主制中，富有的人蔑视混乱和无次序的政府状态。例如，在忒拜，经历了殴纳菲塔之战以后，糟糕的管理导致了这座城邦的毁灭，而蒙哥瑞民主制的坍塌却是因为混乱和无序引发的一次偶然的失败。在叙拉古甚至还没等到叙拉古的葛洛建立僭业，民主制就因大众的厌弃而崩毁，而罗德岛民主制的溃败则是发生在反叛以前。

城邦内部任何一个部分的不均衡增长也会导致政体变更。因为一个整体是由多部分组成，每一部分都应该成比例地增长，均衡应该得到维护。以人身为喻，如果脚长四腕尺，但身体的其余部分只有两腕尺，那么身体也终将消亡。畸形的增长可能是质量的也可能是数量的，甚至可能变成另一种动物。同样地，一个城邦也有很多个部分，其中的一个部分可能会无形之中获得滋长，例如，民主政体和立宪城邦中的穷人。而这种不均衡会因意外而发生，就像在波斯战争中塔伦特姆战败于艾匹即斯人之后，许多贵族被杀死，共和政体随即变成了一个民主政体；而在阿哥斯，当阿尔咯斯人的军队在那个月的第七天被克里梅斯部击溃以后，不得不允许某些农奴入籍为公民。雅典在伯罗奔尼撒战争时步兵团常常战败，贵族人数锐减，因为士兵均从符合条件的公民中挑选。在民主制政体或者其他形式的政体中，变革也会由此产生，但其程度较为温和。当富人日益增多且财富总量大有增加时，民主政体就会转变为寡头政体，或者门阀统治。由于选举中存在舞弊行为，有时甚至无须变革，政体的形式也会更迭，就像在赫里亚（在那里，人们不再选举他们的地方官员，而是用抽签代替，因为选民总是有选举同党派同阵营代表的倾向）；或者由于疏忽大意，不忠之人也被允许进入政府决策的最高层——在奥瑞姆，赫瑞克多如斯当选之后，寡头制被推翻了，取而代之的是共和制和民主制。

一些轻微的改变也可能会引发变革，即在民主制里对一个小问题或小细节的忽略，都可能导致一场巨大的变革。例如，在安部瑞斯，一项有关从政资格的财产方面的小问题，最后毁灭了一切，安部瑞斯人最初也许以为较低的财产要求与没有要求毫无差别。

另一引发变革的原因是不同种族间不能及时建立起同一信仰。每一个城邦断不能只由乌合之众组成，也不是在一天两天之内形成，所有的一切都是机缘巧合的集聚。因此，不管是在城邦建立之初还是之后，城邦对异邦人的同化，大体都会引发变革。例如，在锡巴里斯建立之时，亚加亚人加入了厝珍尼亚人，随着加入人数越来越多，最终导致后者被驱逐，这就是锡巴里斯人为世人所憎恶的由来。在图里奥一，锡巴里斯人又与当地殖民者发生争执，他们认为自己才是那片土地的归属者，理应享有更多权益，而后他们被逐出了这一城邦。在拜占庭，新的殖民者的密谋与野心被暴露之后，也被早先的殖民者武力驱逐于外；而安提莎的人们起初接受了来自希俄斯岛的流亡者，最后却和他们打了起来，将其赶出城外。占克力斯人在接受了萨摩斯岛人以后被他们赶出了自己的城邦。生活在黑海的阿波罗多洛人在引入了一群新的殖民者以后，也发生了一场变革。锡拉丘兹人在驱逐了他们的暴君之后，承认新来者和雇佣兵都有公民权，从此争执不断，最终引发内战。安非坡里斯人在接受了卡尔西狄亚人以后几乎被他们完全驱逐出城。

概言之，在寡头政体中，大多数人都以他们受到了不公平待遇为由制造变革，因为，像我之前所说的，他们都是平等主义者，但他们没有享有该得到的东西；在民主政体里，贵族都会造反，因为他们是不平等主义者，但他们只得到了平均的一份。

然而，当一个城邦的自然条件不利于维护这个城邦的统一时，该城邦的地理差异就会成为变革的一个根源。例如，克拉左美奈的德乾特安人与岛上的人产生了分歧；克勒芬人与诺田人发生了纷争；在雅典也是一样，比雷埃夫斯的居民比当地人更加民主。战场上的沟渠即使很浅，也足以扰乱进军的阵型；不管分歧多轻微，都有可能造成一个城邦的崩溃。最大的两个对手就是善与恶，然后是财富与贫穷，当然或多或少地也有其他敌对因素，其中的一个就是地域的差别。

章四

诱发变革的因素可能很小，但其中却关乎巨大的利益得失。即便是一件琐事，当它一旦涉及法律，也就变得严重起来，例如，叙拉古的政体变革就是源于两位担任行政公职的青年在恋爱上的纠纷。故事发生在古代的叙拉古，当其中一位青年出远门的时候，另外一个人不顾同僚之义夺取了他心爱之人，受害人愤懑难平，为了报复，便勾引了这人的妻子。统治阶层的其他人也很快被牵扯进了这场纷争当中，并且当即分成了几个派别。这个故事告诉我们应当对此种罪恶的萌芽保持警惕之心，还应当尽早解决与首领或主权者有关的一切矛盾。正如谚语所说，“好的开端是成功的一半”。即便是极小的错误，也有酿成大错的可能。一般而言，一旦贵族之间发生了争执，整个城邦会很快卷入进去，就像波希战争之后发生在黑斯德亚的一连串的事件那样。两兄弟因遗产的继承问题产生纷争，其中一人拒绝将他找到的父亲的财产分予其兄弟，因此两方发生了争执，没有财产的一方争取到了当权派的帮扶，而拒绝分财产的一方得到了富人的支持。

同样，在特尔斐，一场婚姻引发了一系列的矛盾。新郎把一些偶然的事件当成噩运的预兆，在迎娶新娘之时，私自离开。新娘的亲戚们认为新郎侮辱了他们，所以趁着祭祀的时候把一些圣物混入了新郎的祭品中，以造成新郎盗窃神庙的假象，然后当场将其诛杀。在米蒂利尼也一样，一场关于女继承人的争论引发了后来的一系列不幸事件，并导致了与雅典人的战争，最终让阿柏支族占领了他们的城邦。一个叫提摩菲娜斯的有钱人留下了两个女儿，另一个名叫蒂克斯蒂尔的人想让其儿子们迎娶这两个姑娘，无奈他的请求被拒绝，于是他煽动了一场内乱，并且唆使雅典人也参与了进来。一场相似的纷争也在福基斯上演，这个故事发生在莫纳森的父亲莫纳瑟和奥露马其斯的父亲伊瑟克瑞特之间，这也是圣战的开端。另一场关于婚姻的纷争导致了都拉斯政体的变更。有一个人把自己的女儿许配给了一个父亲是地方行政官的年轻人，而这位法官却因事处罚了这位父亲，后者感觉自己受到了侮辱，便与那些没有选举权的人密谋推翻政府。

政体也可能因为地方行政官或者某些地区名望的增长或权力的膨胀而变成寡头政体、民主政体或者共和政体。在雅典，当元老院在波斯战争中声望大增后，就意图控制国政。另外，由平民组成的舰队在获得了萨拉米斯的胜利以后，赢得了对海域的控制权，雅典人由此建立了一个全新的帝国，在这一时期，雅典的民主权益也得到增强。阿哥斯的贵族们在曼提尼亚之役中对斯巴达军作战并获取了胜利，归国后便意欲推翻民主制。在叙拉古与雅典人的战役中，平民——这场战争的主力——把共和政体变成了民主政体。卡尔基斯与当地的贵族联合，杀了僭主浮修斯，控制了政府。

同样，安布拉基亚的人们一起密谋把僭主佩里安德驱逐出了城，把执政权牢牢掌控在了自己手中。大多数时候我们都要记住，不管是个人、地方法官、部落还是某一城邦的个别地区，只要出于捍卫城邦的权力，随之而来的往往会是各种暴乱和动荡。要么是其他人对当权者的嫉妒，要么是当权者的优越感，使得他们羞于与普通大众为伍，叛乱经常是一触即发。

当两个针锋相对的派别——譬如穷人和富人——势均力敌，且没有中产阶层左右之时，也容易爆发变革，因为在其中一个派别明显居于优势之时，后者一般不愿自冒风险攻击对方。也因此，那些德行优良的人一般都不会掀起轩然大波，但这种人通常是少数。以上即各种形式的政体很容易发生混乱和变革的原因所在。

章五

变革受两方面的因素影响——暴力和诡计。在制造变革之时和之后都会有暴力事件发生，诡计也是一样的。因为欺骗，人们常常在无意中默认了政体的变更，而之后，当他们恍然大悟，便惊觉上当受骗了。这种手段经常被名流使用，他们蛊惑人民说君主会资助反斯巴达的战争；通过不正当手段取得了政权以后，他们又意图继续通过此种手段去控制并维持现状。此外，也存在它类情况，比如刚开始人民勉强接受了他们的许诺，如此不断重复，他们最终得到了人民的衷心支持和爱戴。政体之变革往往就源于以上提到过的种种缘由。

现在，我们必须分别讨论各种政体，并从这些普遍论证中，逐一考察每种所发生的状况。

在民主政体当中发生的变革往往是由平民政客的肆意妄为造成的，他们要么是私下放出不利于富人的消息，直到富人愿意和他们联合（要知道共同的危险甚至可以将两个天敌团结起来），要么是煽动公众反对富人。这个道理已被无数个案例所证明。在科斯岛，民主制的崩毁就是因为邪恶的平民政客与贵族联合起来了。罗德岛的平民政客不仅不为大众提供报酬，还私自克扣应当付给船主修造战船的合理报酬。面对不公的诉讼，船主们被迫联合起来推翻了民主政体。在建立了殖民地不久之后，赫拉克勒亚的民主政体就被推翻，因为其平民领袖的不公道行为，即无故将贵族驱逐出境，而最后在贵族整体回归之际，民主制也被贵族终结了它那短暂的生命。迈加拉的民主政体也是以同样的方式被推翻的。那里的平民政客把许多贵族都驱逐出去就是为了使其财产充公。后来，被流放的人越来越多，他们返回故土，发动战争，击败了平民，建立了寡头政权。同样的事也发生在赛姆的民主政体中，以被拉雪麦格推翻而告终。我们也许已经注意到大多数城邦的变革都具有这种特征。有时，为了拉拢群众，平民政客会迫害贵族——要么分割他们的财产，要么强加给他们公共服务（以减少他们的收入）；更有甚者，他们会控告富人，以便把他们的财产全都没收充公。

在早期，平民政客们兼任大将军，民主制很容易转换为僭主制或暴君专政。古时候的很多僭主都是平民政客出身。何以原来行得通，现在不复如此，乃是由于当时他们只是将军，不是演说家，那个时候，社会中尚不流行演说之术。然而现在，在修辞学取得了巨大的进步之后，演说家已经领导了众多平民，但他们对军事事务的无知妨碍了他们篡权。以前的僭主总是比现在要多，也是因为这个原因，早期大权总是集中在个人手上；因此米利都的僭政就出自参政院的主政官，这个官职兼揽了许多重要的权力。另外，在早期，最初的城邦不具规模，幅员尚小，人们大都居住在乡野，忙于农事或个人日常事务，一旦任何人拥有任何军事才能，便能抓住机会成为首领，公开声称对于富人的厌恶，以赢得人们的支持，然后建立专制。因此，在雅典，佩西斯特拉托斯领导了一个专门针对平民的党派，而成为专制者。迈加拉的忒亚根尼人屠杀了富人放在不属于自己的田地上吃草的牛群羊群。狄奥尼修斯也可以说得上是一位僭主，因为他公开谴责达菲努斯及一切富人。他对贵族们的敌意为他赢得了人们的信任。从古代到最新形式的民主政体都难免发生变革。

只要地方行政官员的选举没有财产资格限制，人们就会有强烈的从政欲望，而且会努力使自己凌驾于法律之上。即便不算完美，应对这种事件的办法之一就是让各个部族分别选举各自的地方行政官员，而不是让所有的人一块儿选举。

以上即在民主制里引发变革的各种主要原因。

章六

在寡头政体中有两个引发变革的原因。第一，当寡头家族在压迫人民的时候，任何敢于打抱不平者都可获得众人的响应，尤其是当这个人也是寡头家族之一员的时候，诸如最后成为僭主的纳克索斯岛的吕格达米斯。而在统治阶级以外发生的变革的源头还可以细分。当政府很排外的时候，那些被排除在外的富人就有可能会发动变革，就像在马撒利亚、伊斯特洛斯、赫拉克勒亚以及其他城邦发生的那样。那些在政体中没有发言权的人不断地制造纷争，整日兴风作浪，直到能分得一杯羹为止。起初是一家之中较为年长的一些人要求做官，然后年轻一点的兄弟也要求任职。在若干城邦，父子不得在同一机构任职，兄弟也不准同时执政。马撒利亚的寡头政府更像是一个共和政体，但伊斯特洛斯则转为了民主制，赫拉克勒亚的议事会也扩大到了六百人。尼多斯的寡头政体经历了很多变革。祸乱起于贵族内部发生的分歧，显达们只有一部分在政府里占有席位。之前提到过的规定，父子不同时从政，如果家里有几个儿子，则只有年龄最长者有资格任职。人们利用这场纷争，挑选了其中一个贵族做首领，之后攻占并推翻已经分裂的寡头制——因为分裂必然归于衰亡。厄立特利里城在古时候是拜斯利蒂治理的，并且被治理得颇为得宜，但人们怨其狭隘包办，变更了城邦的政体形式。

第二，寡头制的变革内在原因之一就是寡头家族的内部风波，他们彼此争权夺利，利用煽动变成平民政客。如此，平民政客分为了两类：（甲）一直实行寡头制的领袖，尽管寡头家族为数不多，但他们之中盛产平民政客，就像在雅典三十人团体时期，加里古斯及其党羽靠着博取这三十人的欢心而赢得政权。类似地，在四百人团体时期，普率律尼科斯及其党徒也是应用了此道。（乙）另外，寡头们利用其政客之术煽动民众，在拉里撒就是这样，警备官员一心想要献媚群众，因为他们是由民众选举产生出来的；这就是寡头制城邦的命运，有权选举执政者的并不限于那些有任职资格的人，而是基于更广泛的阶级，所有重武装民兵以及公民都在选举者的范围之内，而候选人则必须具备较为严苛的财产资格，或者是属于某个政治团体的成员，比如在阿拜多斯，行政人员都不是由自己所在的阶层选拔出来的。或者，当法院是由享有主权以外的人员构成时，寡头们就会奉承人民以赢取后者的支持，并借此取得执政权，这样就导致了离心离德和政体之变更。发生在滂都海边的赫拉克勒亚的状况即如此。当任何势力企图限制寡头制时，那些起初要求平等权的人们都不得不借取民众的助力。当寡头者们把他们的私人财产浪费在奢侈的生活上时，他们的身份就面临着变革了；接下来他们又想改头换面，要么就让自己成为僭主，要么就让其他人参与到暴政里面来，就像在叙拉古希帕克斯让狄奥尼修斯成了僭主，而安菲波利斯一个叫作赛普蒂默斯的人引进了哈尔基斯的殖民者，之后再设法号召平民去反对富人一样。因为相同的原因，在埃伊纳岛，负责与卡瑞斯谈判的人努力让城邦发生一场变革。有时候一个寡头政体会试图直接发动一场政治变革；有时候他们会掠夺或窃取财富，那些反对他们的人于是与其发生了争执，正如发生在滂都海边的阿波罗尼亚的那样。但寡头政体自身是一致的，内部不容易被破坏。关于这点我们可以看看法萨罗，在那里，虽然统治者很少，但是他们却治理着一个城邦，其原因在于他们对于自身的了解。

当寡头政体的内部产生了另外一个寡头时，原来的寡头制就会被摧毁，也就是说，寡头制的统治阶层在整个公民团体中为数不多，并不是所有人都有机会进入最高行政机构。因此在伊利斯统治权力归于一个小规模的长老会，而很少有人能进入其中，并且长老会的成员只有九十名，属于终身任职，只在固定的一些家庭中选举产生，在某种意义上讲，就像古时斯巴达式的长老。寡头制在战争和和平时期特别容易发生更改。在战争中，因为不相信人民，寡头们不得不使用雇佣兵，而指挥官在最后通常都会成为一名僭主，科林斯的提摩菲尼斯就是这样的；而如果不止一个指挥官的话，他们便都会成为一伙僭主。有时寡头们害怕这种危险，就会给予民众一部分话语权，因为群众的服务对他们来说很有必要。在和平时期，由于互不信任，两派把保卫城邦的任务交给军队以及两派之间的仲裁人，这位仲裁人最终常常成为两派的首领。这样的事就曾发生在拉里萨的西蒙当权的时候，阿拜多斯在艾菲蒂亚及其党派当政的时候也发生过类似的事件。

婚姻和诉讼也会引发变革，使得寡头政权的一派将另一派推翻。关于婚姻上的纷争，我已经举过一些例子。还有一件案子就发生在特里亚，蒂亚格罗仅凭一桩婚姻上的错误，就推翻了寡头政体。发生在赫拉克里亚和底比斯的变革也都是由法庭的一桩通奸案判决引起的。在这两个案子中，对赫拉克里亚的欧律提翁以及对底比斯的阿吉亚斯的惩罚都很公正，但都是以党派的名义执行的。因为他们的敌人都很嫉妒他们，所以将两者上了枷锁游街示众。许多寡头政体由于专制独裁过于严苛而被受统治的阶层摧毁，例如，在尼多斯和希俄斯岛发生的事情。

不管是共和政体还是寡头政体，变革可能出自偶然的事件，比如只把公民大会、法院以及其他行政机构的职位留给满足财产限额者。资格限定原本可能根据当时的状况早已固定了，这样就使得寡头政体和共和政体里产生少许中产阶层。但在经历一段时间的繁荣以后，不管是源自长期的和平还是其他幸事，家家户户的财产都以数倍增长，人人都能满足原定的财产限额，于是每个人都有权参与到政治里面。这种事情有时发展较为缓慢，不易为人察觉，但有时也会很快发生。这些就是在寡头政体里发生变革的原因。

我们得相信民主制和寡头制有时不一定是变成一种与之对立的政体，也或许是变成了同等形式的另一个变体，即那些被法律约束的各种形式的民主制和寡头制变为绝对主权性质的，而反之，逆向的变更亦同时存在。

章七

在贵族制中，如果只有一小部分团体占据城邦的大多数利益，也可能会引发动荡。这一现象已经被证明在寡头制中也会产生影响。因为从某种意义上说，贵族制也可视为寡头制的一种——尽管不是基于同一个缘由，但当权者人数都很少。由于这个共同的属性，贵族制才显得像一种寡头制，因此这两种政府是难以区分的。在人民大众信心十足地以为他们和其统治者是一样的时候，变革最容易发生，或者一定会发生。因此在古代的斯巴达，所谓的帕瑟尼亚——出身于斯巴达时代的私生子，谋划发动变革被预先察觉后，被送到了塔伦特姆去开拓殖民地。另外，当一位得到了大多数人拥戴的德行伟大者受到了上级侮辱时，变革也可能发生，如斯巴达君王对待吕山德的所作所为那样；或者，当一个勇者被城邦驱逐出城时，诸如西劳斯统治时期曾出力击败斯巴达的基纳顿。当一些人贫穷而另外一些人很富有时，世间通常难免发生战争，就像麦西尼亚战争时的斯巴达。这在提尔泰奥斯的一首名叫《郅治》的诗歌中可以得到印证。他谈到了那些家园被战争损毁而又想获得重新分配的土地的民众。当一位超卓雄伟的伟人想要独裁时，也可能会发生变革，就像是波希战争时期的鲍桑尼亚将军以及汉诺将军。

共和制和贵族制经常由于其本身偏离正义而遭到推翻。在共和制中，没落的原因在于民主制和寡头制这两种元素的不当组合；在贵族制里，变成了三种元素，除了民主制和寡头制之外，还存在美德的元素，但民主制和寡头制相对突出。为了得到良好的结合，就离不开共和政体的努力。大多数所谓的贵族制都有一个共同的目标，但在联合模式的政策上又有差异，因此其中一些组合要比其余的维持得要更久。那些倾向于寡头制的组合就叫作贵族政体，而那些倾向于民主制的组合就称作共和政体。后者比前者更稳定，因为支持者越众，力量就越大，当人们觉得平等的时候，他们就会感到满意。但那些富有的人，政体给予他们越多的权力，他们就变得越傲慢贪婪。事实上，不管政体倾向哪边，当它所倾向的那个党派变得越来越强大的时候，共和政体就变成了民主政体，贵族政体变成了寡头政体。但过程也许会颠倒过来，贵族政体也许会变成民主政体。当穷人认为他们受到不平等对待时，他们就会通过暴力手段强制共和政体变成与原政体截然相反的形式。共和政体也会以同样的方式变成寡头政体。政体稳定的主要原则是，根据比例分配的平等让所有人都享受到属于自己的一份权利。上述提到过的事情就在图里发生过，当地的从政资格要求刚开始很高，之后越来越低，地方行政官员的人数因而大增。贵族们就开始罔顾法律，要求占有全部土地。因为政体倾向于寡头制，所以他们能去蚕食……但在战争中壮大了的平民压过了寡头控制之下的武装力量，那些拥有巨量土地的人不得不放弃一部分土地。

然而，由于贵族政体更像是寡头政体，所以贵族们更容易变得贪婪。在古代的斯巴达，财富掌握在极少数人手中，贵族们因此可以为所欲为，他们可以和任何被其看上的人结婚。洛克里城就被毁在狄奥尼修斯的一桩婚姻上，但这种事绝对不可能在民主政体和较平衡的贵族政体中发生。

我已经说过，所有城邦里的变革都可能由极小的问题引发。人们刚开始不介意放弃某些细节，由此不费力地渐次改变了政体中那些不那么重要的东西，直到最后终于动摇了整个城邦的根基。图里的一项法律规定，将军在第一次任职离任后必须再过五年才有资格再次当选。有些年轻人由于自己的军事才能赢得了军士们的支持，进而开始蔑视地方主事，认为自己可以轻易地达成目标，于是意欲废除这条法律，以便一些人可以长久地执掌将军的权力。尽管那些议事员以及管理这些事务的地方官员起初不太情愿，但后来还是不得不屈服了，他们以为仅仅是修改一条法律，不会触发政体的改变。但随之是接踵而至的改变，就算他们再三反对也无济于事。城邦自然落到了变革者手中，王朝的寡头政权由此建立起来。

政体既可能从外部被推翻，也可能从内部被摧毁。不管是近在咫尺还是远在天边，如果有另一个政体相异的城邦存在，从外部推翻的可能性就较大，雅典帝国时期和斯巴达帝国时期就是实例。雅典人到处打击寡头政体，而斯巴达人则尽其所能地打压民主政体。

以上是为城邦变革和产生纷争的主要原因。

章八

我们接下来要考虑在一般情况下有哪些维护政体的方式，在特殊情况下又是怎样的方式。很显然，先知道了政体遭到破坏的原因，才可能知道如何维护它们。因为相反的行为会造成相反的结果，而破坏即维护的对立面。

在一个运转良好的城邦里，应该没有什么东西比对法律的一贯顺从更可贵了，尤其是在小问题上。因为对法律的一点一滴的侵犯最终会导致城邦的毁灭，就像不断发生的小小的破财最终会吞噬掉一大笔财富一样。这种损失不会马上发生，因而不容易被察觉。其实这都是假象，谚语有云“诸小相聚，其积亦小”，这个说法从一方面看是对的，而从另一方面看其实有误，个体虽小，积小成大。

首先是要提防变动的肇始，其次是政治稳固不能依靠欺骗的伎俩，经验证明欺骗非长久之计。另外，我们注意到寡头制和贵族制都可以维持不短的时间，但这并非因为其内在的稳定性，而是因为它们的行政官员能很好地处理他们与统治阶层、没有投票权的人们之间的关系。他们不凌虐任何被排除在政治事务之外的人。为了荣誉，他们永远不会对那些志向高远的人不公，也不会对那些富人不公。他们会公平地对待彼此和他们的人民。这种公平就是民主的朋友想要为人民大众建立的公平；

这种公平不仅是正义的，也是能收到实利的。因此，如果管理阶层众多，很多民主政体的办法都是有用的。例如，把政府的工作期限限定为六个月，同一阶层的人们就有机会轮番出任，因而定然会表示支持。确实，提倡平等的人和那些与他们观点相似的人往往容易形成一种民主团体，而像我之前说过的，他们之中最容易产生平民政客了。而缩短任期则可以防止寡头政权和贵族政权落入某一固定的家族手中。如果官员的任期很短，其可能的危害性就小多了。而长时间占据一个职位则会使寡头政体和民主政体产生专制或暴政。因为渴望暴政的，要么就是那些隐藏在民主政体里的平民政客、城邦的头面人物，要么就是寡头政体当中的统治世家大族，再不然就是他们当中官阶高、任期长的人。

一个政体可能会因为远离危难而得到保全，但是有时候也会因为迫在眉睫的危难而得到振奋和捍卫。那些关心宪法的统治者之所以要制造恐惧，还把远在天边的危险带到人们的近前，就是为了让人民团结起来捍卫政体。他也应该依靠法律的帮助控制争辩和贵族间的分歧，并阻止那些一直置身事外的人也卷进去。只有真正的政治家能看到变故的苗头，庸碌之辈则不能。

在寡头政体和共和政体里，关于财产资格的变化也会引发变革。鉴于流通货币的增长，每年都将财产的总体价值与过去相参照、重新确定财产资格数额，就可防止公职人员的大变动——大一点儿的城邦，可以每三年或者五年做一次比照。如果币值总额比原来确定的扩大或缩小了很多，就应该通过法律的途径予以相应的提高或降低。如果一个共和政体在这一点上没有做好，就会变成寡头政体，寡头政体则会变成家族式政体；反之，共和政体会变成民主政体，寡头政体要么变成共和政体，要么变成民主政体。

不管是民主政体还是寡头政体，不能让任何公民获得异乎寻常的荣誉，应当渐次地授予任何公民适度的荣誉，不要在短时间内赋予某公民极大的荣誉，这是一条普遍的原则。因为人很容易被宠坏，并不是所有人都能承受得住成功。如果这条规则之前没有得到切实遵从，无论如何也要将一次性给予的荣耀慢慢地收回来，不能一下子全部收回。法律尤其应该反对任何人拥有太多的权力，不管这种权力是源自金钱还是支持者。如果某人拥有了，应该将其驱逐出城邦。每个个体的私人生活也与变革的发生有关，因而不管是寡头政体、民主政体还是其他形式的政体，都应该安排一个职能部门负责监督与现行政体不协调的人。因为同样的原因，城邦里任何一个地方的经济繁荣都应该予以关注。预防这种危险的合理办法是把事务的管理权和城邦政权均衡地分配给相对立的两方——有德行的人和平凡人，或者穷人和富人。另外一个办法是把穷人和富人结合起来，或者增加中产阶层。这样才能预防不平等引发的变革。

除了以上说到的，要绝对禁止地方长官从城邦的管理和运转过程中牟取私利。特别是在寡头政体当中，要小心此种事情的发生。因为人民对于被政府排除在外不会有什么过激反应——事实上，他们最关心的是日常生活的快乐；但一旦得知统治阶层在窃取公众财产，他们必然会怒火中烧、无可遏制，因为他们感到自己同时失去了荣誉和金钱。如果能够确保公职人员无法牟取私利，民主政体和贵族政体就可以合二为一了。因为贵族和人民都希望自己的愿望能够满足。所有人都可以从政是民主政体的目标，而贵族成为地方长官则是贵族政体的目标。一旦不能从公职中牟取私利，穷人就不再想追逐公职了——转而更希望专注于自己的事，而当富人不再想借公职牟取私利之时，就可以从政了。穷人会因为专注于自己的工作而变得富有，而贵族也不会被比自己低下的阶层管理。为了避免侵吞公款的事情发生，财产的转移必须让普通大众都看到，并且把账目的复本收藏在不同的个人、社区和部落手中。而荣誉只能根据法律授予那些享有廉洁美誉的人。在民主政体里，富人应该是自由的，不但他们的财产不应该被瓜分，他们的收入还应该得到保护，但在某些城邦，属于他们的东西都以某种不易察觉的方式被拿走。要禁止富人承担——哪怕是自愿的——那些奢侈而无益的公共事务的开销，诸如组建剧团、传递火炬等。

然而，在寡头政体中，应该照顾好穷人，让他们做可以赚钱的工作。一旦富人中伤了穷人，前者要受到比诽谤本阶层的人更严厉的处罚。应该做出如下规定，不动产是要继承而不是赠送的，且一个人不得继承一份以上的遗产。这样财产就会公平了，穷人也就有更多的机会致富。在民主政体中也好，在寡头政体中也好，应给那些在政府里没有多少政治发言权的人更多的优先权（例如，在民主政体中任命那些富人，而在寡头政体中任命那些穷人），但城邦政府的最高权力当然不在此列。

章九

担任城邦政府最高长官的人应当具备三种资格条件：第一，对既有政体的忠诚；第二，足够的行政才能；第三，相应的正义和美德——各个城邦的正义之含义有所不同，与此相应的美德也因此不尽相同。有一个疑问就是，人无完人，如果无人同时满足这三个条件，选举应当如何进行？例如，一个能征善战的将军却是一个品德败坏的人，对现行政体不忠，另一个人既忠诚又正直却无指挥军队的才能，我们应当选哪一个呢？进行选举的时候，难道我们不应该有所侧重吗？什么是一般条件，而什么是稀有条件？因此，在选择将军的时候，我们应该更多地考虑他的指挥才能而不是他的德行，因为很少有人具备突出的军事才干，而有德行的人却很多。另外，如果选任的是保管员，我们就应该适用相反的原则，因为这种职位的德行要求要比其他职位高得多，而它所要求的知识却是常人都具备的。

也许我们会问，如果一个人既有政治能力又很忠诚，那他还要美德什么的做什么呢？这两个品质就足以让他做好那些对人民有利的工作。但会不会有人虽然拥有了这两种品质，却不能很好地自我控制呢？如果他们很明白也很爱惜他们自己的利益，但他们就是不去加以实现，他们会不会对公众利益也无动于衷呢？

大体来讲，我们可以说，种种法律条款都是为了城邦的长期利益。最佳的维护法则就是之前多次提到过的要让忠于城邦的人民在数量上超过不忠于城邦的人。我们也不应该忘记“执中之道”，这在眼下许多堕落的政体形式中已经看不到了。因为许多行为看似民主，实际却是在摧毁民主，而有些看似是寡头制的，实际却在摧毁它。那些认为自己的党旨拥有一切美德的人全都走向了自己党旨的极端，他们没有考虑到失衡会毁了一个城邦。鼻子即使没有完美的直线，即使是鹰钩鼻和朝天鼻，但总在正常的范围之内，看起来也无伤大雅，而如果偏离正常的范围失去了平衡，鼻子就不再是鼻子了；身体的其他部分也是如此。均衡之于城邦同样至关重要。也许民主政体和寡头政体目前都离最完美的政体形式存在不小的距离，但仍不失为不错的政体形式；然而，设若任何人想要把任何规则推向一个极端，都会毁了这个政体。为什么立法者和政治家都应该知道什么样的措施可以捍卫民主政体，什么样的措施会摧毁民主政体，什么样的措施可以捍卫寡头政治，而什么样的措施会毁灭它？如果穷人和富人有任何一方被某一政体完全排除在外，该政体都将无法长存。如果想要在城邦之内实现财产公平，政体就有必要变成另外一种形式。过激的法律措施往往企图消灭穷人或富人之一方，而以这二者的共存为基础的政体也必然随之毁灭。

有一个错误是寡头政体和民主政体都很容易犯的：在民主政体中，当大多数人都凌驾于法律之上时，平民政客就会联合富人利用纷争把整个城邦分为两派。但他们总是声称自己的目标没有改变，就像在寡头政体当中，寡头家族声称是在维护人民的利益，却总是发出今不同于昨的宣言。因为在有些城邦，他们发誓“我是人民的敌人，我会竭尽所能地去对付他们”，但他们的思想实际上却与此相悖，他们的宣言应该是——“我不会伤害人民。”

在我所提到过的诸多方法之中，对于城邦政体的稳固贡献最大的是相应的公民教育，但在我们这个时期，这条法则被完全忽略了。如果民主政体里法律是平民的但公民缺乏平民情绪，在寡头政体里法律是寡头的但公民缺乏寡头情绪，这些法律也是没有多大实际意义的，因为公民未经相应的教育和习俗的教化，未能形成相应的精神。城邦和公民个人都缺少相应的自制力。现在，所谓按照宪法的精神教育公民就是使他们的言行符合寡头政体或民主政体的要求——长此以往，这将有利于该政体的良好运转。但在我们目之所及的寡头政体中，统治阶层的后代都生活奢侈，而穷人的孩子却因为苦难和磨炼变得日益坚强——更有可能也更有能力去制造一场变革。在更加极端的民主政体中，其种种做法却与平民的实际利益相抵触，这是由于这种政体误解了自由的真正意义。人们认为民主政体的特别之处在于其为“大多数人的政府”以及“自由”。人们认为正义的就是平等的，平等是至高无上的。自由也意味着人们可以做自己想做的事。在这种民主社会里，每个人都按自己的意愿生活，或者照欧里庇得斯的话说，“根据自己的喜好活着”。如果人们认为按宪法的要求生活就是奴隶的生活的话就错了，让他们变得奴化的只能是他们自己。

以上讨论的是政体变革的根源、城邦的毁灭及让城邦得以长存的方法。

章十

一俟城邦版图扩大，有一些人就通过获取人民支持的方式成为僭主。而有些野心勃勃的君主，超越了他继承来的权限，建立起更加专制的统治后就成了僭主或者暴君。还有一些人，因为担任重要的官职的时间长久，后来就演变成了僭主（因为在古代，行政官员以及祭监官都有一个很长的任期）。另外一种僭主产生于某些寡头政体中想要某人以最高长官的身份总管数种机构的做法。无论是这些中的哪些方式，假如他已经产生这种想法，就可以建立僭主政体，并且几乎毫无困难，因为不管作为君王，还是作为城邦的行政长官，他早已大权在握了。所以阿哥斯的菲东还有其他的几位就是例子，刚开始是君主，但最终他们都成了僭主。而伊奥尼亚诸僭主及法拉里斯，则是在执掌大权之后成为僭主的。莱昂蒂尼的提乌、科林斯的库普赛洛斯、雅典的佩西斯特拉托斯、叙拉古的狄奥尼修斯等刚开始都是平民政客，最后则都成了僭主。

所以，就像我所说的，君主制沿用了贵族政体的遗迹，因为它要么是基于美德之上的个人或家庭才能、德行，要么就是基于已经建立的功勋或者以此授予的权力。那些获此殊荣的人，或者能为城邦建功立业，或者是鞠躬尽瘁，他们中有一些人就像科得洛斯一样，使得城邦在战争中免于战败，民众免于被奴役；而其他人，如波斯的瑞拉斯解放了城邦的自由，或者像斯巴达的诸王，马其顿和摩洛的君主那样，促进了城邦的稳定。

设立君主就是为了能够保护富人的财产免于不公正的侵占，让平民不至于受到侮辱和压迫。但是僭主，像我重复提到的，不顾公众利益，只注重个人的私事，他们的目标就是玩乐，君王的宗旨则是荣誉。因此，僭主贪图的是财富，而君主重视的是荣誉。君主的卫兵都是本邦公民，而僭主的卫兵则是外来雇佣兵。

僭主政体显然兼有民主政体和寡头政体的缺点。僭主政体从寡头政体那里继承的是对于财富的渴求。有了大量的财富，僭主才能维持自己的豪奢生活和保卫私人安全的开销。僭主无法信任平民，因而不允许平民进行武装。僭主制同寡头制一样压迫平民，把他们赶出城市，疏散到各处乡郊。从民主政体中，僭主借鉴了鞭挞贵族的秉性，然后悄悄或者公然地把他们处死，或者流放，因为贵族常常会妨碍僭主的权力，也因为他们往往不甘心受僭主的摆布。皮里安德建议斯拉苏布罗砍掉最高的麦穗，正是此意，他必须清除城邦之内的杰出人士。前面已经提到过，君主政体和其他各类政体的变革肇始是一样的。人们往往出于恐惧或轻蔑而攻击他们的君主，或者是由于受到了不公平的待遇。君主的不义表现为侮辱暴虐，或者就是没收财产。

无论是僭主制还是君主制，革命者发起叛乱的原因都是一样的。君王既拥有财富又拥有荣耀，所有人都渴求得到这些。革命者发起的反抗有时是针对其人，有时则是针对其权位。如果当权者肆意凌虐民众，后者的反抗矛头将直指当权者的人身安全。来自当权者的任何形式的凌虐都会激起众怒，当人们愤怒的时候，他们的目标都将是人身报复，而非实现个人野心。例如，佩西斯特拉托斯家族当众羞辱了哈尔摩丟斯本人及其妹妹从而招致报复。亚斯托吉顿则是因为与哈尔摩丟斯的友谊而加入了这次攻击。皮里安德，安布拉基亚的僭主，也曾面临这样的算计，这是因为他在和他宠幸的一位少年喝酒间，戏问后者是否怀上了他的孩子。菲利普王也曾被鲍桑尼亚攻击，因为他纵容阿塔罗斯和他的朋友们侮辱后者。小阿蒙塔斯也曾经被蒂尔达斯攻击，因为他自吹曾经占有了蒂尔达斯的青春。塞浦路斯的埃瓦哥拉斯也被一宦官诛杀，因为前者的儿子夺去后者的妻室。许多密谋事件的发生多是源于其君主对臣民的侮辱。就像克瑞特斯对阿克劳斯的攻击，前者一直以来对后者耿耿于怀，因为阿克劳斯承诺会将他其中一个女儿嫁给他，却没有兑现。在阿克劳斯苦苦周旋于西拉斯和阿拉班的战争时，他把大女儿嫁给了埃利梅亚的君王，把小女儿嫁给了他（同前妻）的儿子阿蒙塔斯。克瑞特斯以此为攻击阿克劳斯的托词，尽管他可以找一个更加微小的借口，掩饰他们关系疏离的真正原因。出于相似的动机，拉里萨的赫兰诺克拉底也进行了密谋，阿克劳斯这位他曾经的爱人没有履行诺言送其还乡回归祖国，于是他觉得他们之间的这种爱恋仿佛不是源自情感而是来自权力的放纵。又如，皮索和阿诺斯的赫拉克利德斯为了替父报仇杀死了科杜斯。至于亚当斯的报复则是由于科杜斯的虐待让他成了残疾——当他还是一个孩子时就被阉割了。

许多人由于把自己所受的打击视为一种侮辱而恼羞成怒，所以选择了杀死别人或者正准备去杀死那些伤害他们的行政人员或者王公贵胄。因此，在米第利尼，美伽克列斯和他的朋友们路遇彭茜卢族用棍棒攻击民众，便趁机诛杀了他们。斯麦尔德受到彭茜卢人鞭笞，并且还是当着妻室的面被拖走的，他也袭杀了这个彭茜卢人。德坎尼科斯之所以谋划刺杀了阿克劳斯王，也是出于此类原因。德坎尼科斯曾经批评欧里庇得斯的作品气息浑浊，让其大为难堪，而阿克劳斯居然把德坎尼科斯送到欧里庇得斯那里接受鞭笞。还有很多其他谋杀和密谋的事都是源于这种原因。而恐惧是另外一个我们说到的在君主政体和一般政体里引起阴谋的动机。阿尔塔帕尼斯谋害克赛克西斯，就是因为前者违背后者之意愿杀了大流士，在做此事时，他曾想如果趁一个餐会提起此事，可能克赛克西斯就不会追究。

另一个动机就是轻视，就像萨丹那帕露斯，他曾经被人看见和一群女人在梳理羊毛（如果讲故事的人说的是真话，故事可能就是真的，如果不是说的他，也有可能是说的别人）。因为轻蔑，狄翁攻击了狄奥尼修斯二世，他的臣民对他同样很轻蔑，因为他整日酗酒。即使是僭主的朋友也会因为看不起他而攻击他，因为他们备受信赖，所以无所顾忌，并不把僭主当回事，他们觉得自己就算做了也永远不会被发现。那些野心勃勃又认为自己很有能力的人也可能会因为轻蔑而反叛，他们觉得自己可以轻松获取权力而蔑视危险，正如统率军队的将军们一样。居鲁士因为阿斯提阿格斯奢侈的生活攻击他，还相信后者的权力已经消磨殆尽。色雷斯人苏泰斯本来是阿马多库斯王的一位将军，后来也反叛了。

有时人们的动机不止一个，就像米士里达特斯谋害了阿里奥巴尔赞，一部分是由于轻蔑，而另一部分原因是贪婪（本性大胆的人如果被放在军事高位上最有可能产生反叛之心，因为他的本性就是为了获得权力）。当两种动机具备的时候，他们自然会采取行动。

追名逐利又是另外一种产生反叛的缘由。有的人刺杀僭主或暴君是为了金钱和名利，而追逐名利的人愿意去冒这个险是因为他们想成就一番举世瞩目的壮举，让他们能声名远播。他们希望得到的，不是一个王位，而是名誉。但是这种人很少，因为要去刺杀僭主的人必须做好失败就要失去生命的准备。他必须有像狄翁一样的决心，在狄翁去向狄奥尼修斯二世宣战的时候，只带了很少的军队，他说："不管我此番作为会不会成功，能这样做就已经足够了，即使是在我到达（叙拉古）的时候我的生命就面临灭亡。"对他来说，这样是死得其所。

僭主制，像所有其他的政体一样都是由于外部有更加强大的敌患。由于政体上的对立，对方一定会产生进攻的愿望，如果有可能的话，他们所有人可能都会去做。有多种政体都与僭主制相对，民主制也在其中，如赫西俄德所说，“陶工都很讨厌陶工”。最末一种形式的极端民主政体就是一种僭主制，君主制和贵族制由于在政策上的不同也是与僭主制对立的。因此，斯巴达人把大多数僭主制都消灭了，而叙古拉人在政治和平的时候也把僭主制消灭了。

当统治家庭内部出现不合，僭主制就会从内部被推翻，就像葛洛家族以及现今的狄奥尼修斯。在葛洛的事件中，希厄若诺的兄弟斯拉苏布罗奉承葛洛的儿子，使其陷入荒淫的生活中，为的就是夺权篡位，其后葛洛家族召开会议保住了僭主制而把斯拉苏布罗逐出城去了，但是那些与他们密谋的人抓住了这次机会把葛洛家族全部驱逐了出去。而在狄奥尼修斯的事件中，狄翁，以及他的亲戚，借助人民的力量起兵将狄奥尼修斯二世逐出城外，狄翁自己不久也为他人所杀。

有两种主要动机会让人们去攻击僭主制——憎恶和蔑视。僭主必然遭人憎恨，而轻蔑往往会导致很多僭主制倾灭。因此我们会经常看到，那些凭借自己的力量获得权力的人，最后都能保住权力，但是那些继承得来的人经常在一刹那就失去了权力，因为他们过着奢侈的生活而很容易招致轻蔑，也给了那些本就对他们不满的人很多可乘之机。愤怒也是憎恶的一个原因，在某种程度上，两者可能会导致同样的行为。愤怒的人更容易冲动，从而发起攻击，因为理性在他们那里已经丧失了支配作用。而受到凌辱最易使人的情绪使去控制，这也就是导致佩西斯特拉托斯和其他许多僭主政权毁灭的原因。相比之下，憎恶不会让人变得那么不理智，因为愤怒经常都伴随着痛苦，而这些痛苦都成为理性的障碍，但是憎恶却是没有痛苦的。

总的来说，就我提到过的所有毁灭极端寡头制和极端民主制的因素同样可以毁灭僭主制和王制。事实上，这两种形式的政体就是僭主制，只是充当僭主的人不相同。君主的统治最不易受外因的破坏而被颠覆，大多数时候僭主制都灭于内患。因此，破坏可能会以两种方式发生：其一，王族内部内讧；其二，僭主无视法律，企图获得更大的权力。僭主制实际上业已消逝，现今凡是此种名目之下的政体也接近于僭主制。由于君主制统治的是比较顺从的人民，君主在重要的事情上拥有决定权，但是现在的人们享受的平等更多了，没有人可以优越杰出到甚至可以拥有王位，所以，现在的人们不能再忍受君主制了，如果有人利用暴力或者诡计获得王位的话，很快就会被认为是一位僭主。世袭制的君主政治的覆灭还有一个更深层次的原因是，君王常常自己就产生蔑视的思想，因为他们已经超越王权的范围接近暴政了。他们很容易被颠覆，因为当他的臣民不能再忍受他的时候，他便不能再继续为王了，但是不管臣民喜不喜欢，僭主照样还是僭主。

君主政体的毁灭也是因为这些以及其他类似的原因。

章十一

君主制的各种形式的政体被保留下来，通常都是出于相反的原因。或者，如果我们分开考虑的话，王权是因为它对权力的自我限制而得以留存下来。君主的权力越是受到严格的限制，其统治就越持久。因为只要他们与人较为和善，不奉行专制，就能避免臣民的嫉恨。这正是摩洛人的君主制历世不衰，持续了那么长时间的原因所在。同理，斯巴达的王政也持续了很长时间，因为起初它们就被分成两派，且在很多方面都被提奥彭波斯采取的措施进一步限制着，尤其是监察制度的建立。他设法削弱君主的权力，但是维持了君主制的统治，从某种意义上来说，王权反而因此变得更为重要了。有一个故事是这样的，提奥彭波斯的妻子询问他，是否会由于留给儿子的权力比他从父亲手中继承下来的权力小了很多而感到可羞。“绝不会的，”他说，“因为我留给他的这份权力会存续得更久。”

至于僭主政体，也是以两种截然相反的方式被保存下来。其中一种是让僭主以传统的方式管理政府。此种方式的创始者是皮里安德，但其中很多具体的策略是从波斯的统治制度中学来的，如之前提到过的，除掉那些杰出人士，废除共餐制，禁止结党营私，进行教育宣传等活动。僭主必须警惕任何可能激发臣民勇气和信念的事务，禁止文化研究以及类似讨论的集会，采用各种方法防范民众之间的相互熟悉（因为熟悉会增进信任）。另外，僭主强迫所有人同时出现在公共场合或者自己的宫殿门前，以查知他们所想所做，并使他们养成卑躬屈膝的个性。简而言之，僭主必须逐渐掌握此类波斯及其他（非希腊）野蛮部落的驭民之术。一个僭主还要设法知道臣民在说什么或做什么。叙拉古派遣所谓的“女间谍”，而希尔洛则经常派“窃听者”秘密混入一切社会活动，刺探民情。另一种僭主统治之术就是要在民众中埋下纷争的种子，比如朋友与朋友的矛盾、平民和贵族的斗争、富人与其他富室的周旋。僭主迫使其臣民穷困，好让他们为了生计终日辛劳，从而无暇顾及政治图谋。法老修葺金字塔、西普赛洛斯家族不惜斥巨资建造神庙、佩西斯特拉托斯修建奥林匹亚宙斯神庙、波吕克里特在萨摩斯岛增建宏伟的宫殿。所有此类营造工事、大兴土木的目的都是控制民众，让他们贫穷而不得闲暇。僭主还可以施为的另外一件事就是增税，狄奥尼修斯的增税政策实施五年以后，臣民的财产全都落入了国库。为了使人民进一步不得空闲且服从其领导，僭主很喜欢挑起战争。君主是靠朋友的相助得以保全，而僭主却是最不信任朋友，因为他认为所有人都想推翻他，都想夺得最高权力，取而代之。

僭主制中常常可见极端的民主制。这种形式的民主制倡导家庭之内的女性权力，鼓励她们监视其丈夫的言行。奴隶主须经城邦批准才能拥有奴隶就是为了让奴隶监督他们的主人。女人和奴隶总不至于反对僭主，他们对僭主制和民主制都很满意，因为在这两种情形之下，他们都可以过得很好。人民也乐意接受专制者的统治，同样也情愿接受民主制，因为阿谀奉承者总能盛极一时。在民主政体当中，平民政客即此类角色；在僭主制中，也有专门的献媚者。因此僭主总是很喜好谄媚小人，后者曲意逢迎，满口奉承，而具有自由精神的人不愿意降低自己的身份。德行高尚者待人友善，但绝不会溜须拍马。下流之人用来做恶事最适宜不过了，谚语有云“同恶相济”。僭主的习性之一就是永不喜欢任何有尊严并且精神独立的人，他想独占荣耀，而一切有尊严且精神独立的人都触犯了此种威严，有损于僭主的特权，因此专制者通常对颠覆他们权威的人恨之入骨。僭主的另外一个习惯是对待外邦人胜过对待本邦民众，不单与外邦人一起居住，还邀请他们共同用餐。他们认为民众很可能与之反目成仇，而外邦人则不大可能成为自己的敌人。

这就是僭主维护自身权力的惯用伎俩，在他们看来，这些手段再正常不过了。以上方式可以归纳为三个要点，这正好代表了僭主的三种企图。第一，对臣民进行羞辱，因为僭主认定一个心胸狭窄之人定不会和别人谋划暗害他人。第二，在公民中制造猜忌。只有人们互相信任，达成共识之后，僭主制才会被推翻，这就是为什么僭主总是和贤明之士过不去。因为贤达们会威胁到僭主的特权，他们不想被专制所统治，也因为他们彼此忠诚，从不起内讧。第三，僭主希望臣民没有行动能力，因而没有人会去做不可能的事，如果他们自己都没有能力的话，他们是不会企图推翻暴政的。于是，僭主制的一切政策都超不出以下范畴，僭主的统治手段必以此为前提：在民众中挑拨离间，弱化其反抗的能力，使其囿于自卑和狭隘。

这就是僭主制得以留存的方法之一，另外一种途径总体上几乎与此相反。若将各种君主政治的毁灭做比较，便能发现这一途径。若是君王的统治更加接近僭主制，则其会被推翻，而若其统治更像是君主制，则其会得以保存。但是有一点君王必须要注意，要紧紧抓住自己的权力，但是自己还是要表现出民主的一面，要让自己的统治更接近君主制，至少要让自己看起来像是有气度的君王。第一，他必须要表现出很关心公众的收入，而且不能做那些浪费钱财的事，如果让人民看到自己上缴的血汗钱都被浪费在美人、外邦人和伶人之流的身上，他们都会变得愤怒。他应该把自己的收入和支出都做成明细表（有的僭主就是这样做的），因为这样他看起来就像是人民的管家而不是个僭主了。他是整个城邦的主人，也没有必要担心自己会缺钱花。当一个僭主在外的时候，有更多的理由去担心镇守他家业的人而不是臣民，因为可能只有一个陪着他，而其他的留在了城里。第二，他征税应该看起来是为了城邦可以面对战争时的不时之需，他应该把自己当成人民财产的守护者而不是财产的拥有者。他不应该让自己看起来很苛刻，而是要让自己显得尊贵，当人们看到他的时候感到的应该是尊敬而不是害怕，这一点很难做到，这也是僭主容易受到蔑视的原因。就算僭主在其他方面都没有什么德行的话，至少应该让自己看起来在军事上有点天资，让自己的臣民以为自己是一名良帅。君主和他的朋友们都不应该强暴他城邦中任何性别的青年。而僭主家里的女人要让其他女人看起来是个有自控力的人，女人的贪婪毁了很多个政权。在纵情狂欢的时候，他应该是现代僭主的敌对者，那些人一连数日纵情声色，还乐于向别人炫耀这些事情，以为别人会艳羡自己。在这些事情上，僭主都应该克制，就算不能，也不能把这些事公布于天下，因为一个沉迷于酒色、昏庸无为的君王就是被鄙视和攻击的对象，而一个清醒警觉的君主就不会。他的行为应该和之前提到过的那些僭主的行为是对立的。他应该美化并改善他的城邦，就好像他不是一个僭主，而是城邦的一位守护者。在宗教方面，他应该是虔诚的，他也应该很真诚，因为如果人民认为统治者是信奉宗教的，且尊敬上帝的话，那他们就不那么害怕自己会受到不公正的待遇，他们也不那么倾向于去密谋害他了，因为他们相信上帝会站在他那边。但是同时，他信奉的宗教不能让大家觉得很愚蠢。他应该给拥有优良品行的人以应当的荣誉，而且让他们相信，如果是一个自由的政府，他们也可能不会有如此多的荣耀。这些荣誉都要由他自己去颁发，而惩罚要让其他官员和法律来执行。所有的君主都必须留一个心眼儿，不让任何一个人的地位太高，如若不行，可以增至多位，这样他们就能相互制约了。但是如果必须要这样一个人的话，那么这个人不能是鲁莽之人，因为这种人对任何事都跃跃欲试。如果要剥夺一个人的权利的话，必须一步一步慢慢来，而不能一下子让他失去所有。僭主不应该有暴虐行为，尤其是对个人和青少年。他在那些热爱荣耀的人面前应该特别注意自己的行为，就像一个爱财之人在自己的财产受到侵犯时感觉自己被冒犯了，当热爱荣誉和有美德的人的荣誉受到侵犯时，他们也有同样的感觉。因此一个僭主绝不能犯这种错误，惩罚别人要像一位慈父。而与年轻人的交往也应该是源于情爱，而不是放纵。他应该给那些在名誉上受到伤害的人补偿。那些意图行刺而不在乎能否活下去的人是最危险的，也是最应该被监视的。那些要么认为自己受了伤害，要么是身边人受了伤害的人应该严加防范，因为其总是容易冲动，奋不顾身。就像赫拉克利特所说的，“要与愤怒斗争是很困难的，因为一个人会为报复出卖他的灵魂”。

一个城邦是由两个阶层的人组成的，一个是穷人阶层，另外一个是富人阶层。僭主应该让他们相信，是因为他恰到好处的统治，他们两个阶层的人才得以延续，并且他们相互之间没有相互侵害。不管这两者谁更强，僭主都应想办法把这一方的在野人士拉入其统治阶层中，因为不管是拉拢了哪一方，不管有什么紧急情况，他都不用担心要被迫解除奴隶或公民的武装了。因为两方中的一方，再加上其已有的力量，都足以平定叛乱了。

再一一说细节就显得累赘了。僭主应该运用的政策都是很明显的，他应该向他的臣民展示他是一个管家和君王，而不是一个僭主。他不为自己谋私，而是公众的监护人。他的生活要节制，不能骄奢淫逸。他应该与显贵为伍，在平民面前充当平民领袖。这样一来，僭主的统治就高尚而令人崇拜了，因为其臣民没有受到贬抑或压制，也就不再憎恨或者害怕僭主了；同时，僭主的情操还能得到陶冶而使僭主更加有德行，这就是一大进步了，至少已经是半具良善了。

章十二

在全部的政体中，没有比寡头制和僭主制更为短暂的了。维持最久的僭主制是毕达哥拉斯以及其后代在西锡安建立的政权，其统治一直持续了一百多年。这一僭主家族温和友善，爱护百姓，关怀下属，并且家族成员秉性优良，在诸多方面都能最大限度地恪守各项条令法规，因而深得民心。尤其是该家族中的克里斯提尼，因其杰出的军事才能获致拥戴。据说，他曾亲授花冠于在竞赛中判决他失败的裁判员。还有人说，西锡安某处广场上的一个坐像便是这位裁判员。另外，偶然被长老会传唤而后接受审判的佩西斯特拉托斯也有一个类似的故事。

第二个较为长久的僭主政权是科林斯的库柏赛洛斯家族，其统治持续了七十三年零六个月。库柏赛洛斯在位三十年，而皮里安德执掌政权长达四十年零六个月。戈尔哥斯的儿子提克又统治了三年。其政权的持续也是有着相同的原因：库柏赛洛斯是一个很受人爱戴的领袖，在其执政期间从无护卫扈从。皮里安德，虽然是一个僭主，却不失为一名伟大的统帅。第三个维持得久的僭主制是佩西斯特拉托斯家族在雅典建立的政体，但是由于佩西斯特拉托斯曾两次被逐出城，所以其间有所中断，在这三十三年，他只统治了十七年，而之后的十八年是其儿子们执政。其他的僭主政体，要数叙拉古的希尔罗家族和葛洛家族持续得最久。虽然其前后持续时间很短，总共未超过十八年。葛洛在位七年，于第八年崩殂；希尔罗统治了十年；特拉叙布洛斯在第十一个月被驱逐出境。实际上，无论何地的僭主政体都维持不长。

在柏拉图的著作《理想国》中，苏格拉底讨论了政体的变更，但并不完善，因为他没有提到影响最优政体的原因。他只是说一切都不会长久，所有的事物都处于循环的变换中。而改变的源头在于那些数字，“四和三，加五，产生了两个和谐的数”（他意思是在此种情况下，数字变得很稳固）；他认为自然有时候会衍生出坏人，顽固无理也不受教。他确实说得不错，因为有些人不能受教，也没有希望变好。但是为什么这种改变就只有这种改变的本原即他所讲的最优秀的政体所拥有，而其他各类政体以及一切地球上变化的事物就不能拥有呢？或者就像他所说的那样，时间让一切都改变了，就算没有生于同一时代的事物也会同时变化吗？例如，在周期形成的前一天出现的事物会与别的事物同时发生变化吗？另外，为什么他讲的那种政体要变成斯巴达式的？因为，所有政府都更容易变成与其形式相反的形式而不是相近的。其他的变化也是这样。他说，斯巴达政治变成了寡头制，继而又变成民主制，然后又是僭主制。然而相反的事情也经常发生，如平民政体更容易转为寡头政治而不是君主政治。因为民主制更容易变成寡头制而不是君主制。另外，他从来没有说过僭主制是否会发生变更，如果是的话，原因是什么，它又会变成什么形式，或许原因不容易讲得清吧。根据他的意愿，它应该变成第一或者最好的，然后才会有一个完整的循环。但是事实上，僭主制也可能经常变成另外的僭主制，就像西库翁把穆罗的僭主制变成了克勒斯泰尼的僭主制一样。僭主制也会变成寡头制，就像卡尔基城安提利昂的僭主制；要么就变成民主制，像是叙古拉葛洛家族的君主制；也可能变成贵族政治，就像斯巴达卡里劳斯的僭主制，还有迦太基的僭主制。另外，寡头制也有可能变成僭主制，就像西西里在古代时候的寡头制一样。例如，在勒昂提尼的寡头制就被帕奈修斯的僭主制代替了，而克勒安德的君主政治结束了吉拉德的寡头制，瑞盖俄的君主政治却被阿那克西劳的僭主制取代了。在其他很多城邦都有类似的改变。至于说到一些政治最后变成了寡头制，是因为其统治阶层的贪婪，而不是那些拥有很多财产的人认为的，让一无所有的人和非常富有的人同等地拥有政治权利是不公平的，这种看法完全是错误的。事实上，很多寡头家族都没有办法从中赚钱，因为法律明文禁止这类行为，但是在实行平民制的迦太基的那些政治家却可以从中获利，但是到现在为止，那里也没有什么改变。

他说寡头制只存在于两种城邦之中，穷人的城邦和富人的城邦，这是大错特错的。所有那些公民拥有等量财产或者全体公民都并非善良之辈的人与斯巴达的情况有出入吗？不管有没有人比以前更穷或者没有更穷，只要穷人的人数增加了，寡头制都可能会成为平民制。相反地，如果富人的力量变得非常强大，穷人为此置之不理，而富人又跃跃欲试，那么民主制就有可能变成寡头制。政权的变更有很多原因，但是他却只说到了一部分，其他原因可能就是公民不节制的生活，最终使自己越来越穷，就像公民起初很富有一样。这都是不对的，虽然有些名流在失去了财产之后会想到变革，但是其他人可能不会去冒险。而且寡头制并不是比其他政府更容易变成平民制。另外，假如人们经常都被排除在荣誉之外，或者他们遭受了什么不公平的待遇，他们就会搅起变革，使政治发生变更；这样，人们就不会因为可以为所欲为而浪费自己的钱财（他说极度自由是人们浪费财产的原因）。

寡头制和民主制都有很多种形式，但是在苏格拉底说到它们的变更时，似乎把这两种政体说成了一种形式。

第六卷

章一

我们也已述及城邦之最高权力机关，审议机构的各种类型及其性质，各司法体系及各行政机关之结构，并也说明它们随政体的改变而改变的性质；我们亦述及各城邦毁灭和存续的因由。

民主制及其余各种政体存有多种变体，因此我们有必要考察那些尚且有待讨论的并且恰当又有益的组织形式。其次，我们也应就此类组织形式，考察其自身机体的可能组合。这些组合使得政体彼此交叠，于是贵族制中出现了寡头政体特色，共和制中包含了民主成分。

关于提及这些尚未论及的可能的组合，我认为应做如下安排：当审议机关和行政人员的选举采用寡头制形式，则审判法庭实行贵族制形式；或是当审判法庭与审议机关采取寡头制，行政人员选举就遵循寡头制；抑或者采取其他任何可能的组合方式，总之，以求得城邦内部各部分圆满和谐为目的。

我们已说明哪种民主制适合于哪类城邦，哪种寡头制适宜于哪些公民团体以及适合于其他公民的相应政体。然而，我们不应只考虑适宜于各城邦的最优政体形式，还应当懂得创建这些或那些政体的适当方式。

首先我们由民主制开始，当然作为其对立面的寡头制也须了解。为了研究起见，我们有必要了解民主制的各种属性及其特点。正是由于这些属性及特点的不同组合，形成了多种多样的民主政体，而民主制何以有若干形式的具体原因主要有两点：一是已经提及的不同组合的人口构成。人口的组成成分可能是农民，可能是工匠，可能是劳工，若把第一种加到后一种，或是将第三种混入前两种，其结果不只在于影响政体的优劣，而是使其完全改变。另一个原因在于民主制之不同性质及特征。当这些变量和属性相结合时，就形成了不同的民主制形式。其中，有的仅包含部分此类属性，有的占有的相对较多，还有的全部包括。若欲创建一种全新的体系或改良现有体制，认清这些全部的属性，是极其有利的。城邦的创建者总是试图将一切政体的各种属性凝聚在一起，但此做法是有误的。我们早在谈论政体的存续和毁灭时，就业已阐明了其原因。接着我们将继续讨论各种民主制的要求和宗旨。

章二

民主政体的基础是自由。而在人们的观念中，这一基础也是民主制之宗旨，且只有在民主制中才能享受自由。关于自由有一项原则，即轮流执政。但民主制的正义是数量级上的平等，而非实际比例值上的均衡。因此，它基于少数服从多数的原则，多数人的意志就是正义和宗旨所在。据称每位公民均可享有平等，而在民主政体中，穷人比富人拥有更多的权利，且人多势众，于是他们的意志，即大多数人的意志就代表了国家的意志。这便是自由的第一层含义，所有民主人士认可的政体之基本原则。自由的另一层含义是“毫无拘束的生活”。他们声称这是自由人的权利，若人不能随心生活，那便与奴隶无异。这是民主制的第二个特点，同时也由之引出了人们不应受任何人统治的设想。如若此设想不能实现，那么就继续保持轮流执政的方针，平等与自由也能得到统一（这是第一个特点）。

这些就是民主制的自然基础，其性质如下：行政人员从全体公民中产生；全体公民统治每一个人，反过来个人亦能统治全体；通过抽签分派官职，而无须实际经验或技术的职位则可以指派；行政人员没有严苛的财产要求，或者说这种限额极低；任何人不得连任同一职位两次以上，任何职位任期都不得过长；全体公民或从公民中选出的审判员有权处理一切案件，或者审判大多数的案件，包括最重大的如同财务报告、法制事项、私人契约等事务；公民大会高于一切，对最重要的政事拥有决定权，而执政官则应被排除在外或将其权力限制至最小。

在各种行政机构中，议事会在城邦无力支付公共事务开销时，最能代表民主性质。但若城邦能够负担这部分花费，那么议事会就相当于被收回了权力，而群众就会如前面所讲，把一切行动掌握在手中。民主制的另一特征是有偿制，公民大会、审议会议及行政机构，任何供职于这些部门的人都能获得津贴补助。即使不能保证各方面的补给制，但至少要保障出席公民大会、审议会议、议事会及行政机构的一切人员得到补助，或者对于委员会的委员们也是如此。尽管寡头制的特点是限制出身、财产以及教育，但民主制则刚好相反，它表现为卑微、贫困及粗鄙。民主制的另一特征是没有终身制。若是变革后仍遗留有终身制的职位，就要削弱其权限，根据抽签而不是选举的方式进行人员任免。这些全都是各种民主制的共同特征。而民主政体与民主制主张者的类别通常是以公认的民主概念正义为准，即一切都须平等。平等的意义则表现在富人的权限范围不得超过穷人，换言之，就是任何一方不得作为单独的统治者，而需借由数量均分政权，因此，人们也相信，他们能够确保城邦的平等和自由。

章三

然而，相关问题接踵而至，我们何以达到这样的平等？公民的平等是否应当参考其各自财产？假如有五百名富人和一千个穷人，那么这五百人是否与一千人享有同等权利呢？或者我们假设别的方法，若从双方中选出数量相当的代表，授予他们行政人员选举权和审判法庭监控权，根据民主制的原则，这样的政体又是否符合民主的正义呢？民主制的主张者常常认为正义就是大多数人的意志，而寡头制的拥护者坚称正义取决于财富所有者，在于其财产数量的多寡。事实上，这两种论调都有自身的不平等性和不公正性。假如正义是个人意志，那么任何拥有绝对可观财富，且其财产的数额高于其余人财产总和的人，根据寡头制原则，他将拥有绝对的权力。又若正义就是大多数人的意志，类似地，那些大多数人定将瓜分全部富人的财富。所以，若要找到适合双方的平等原则，还需从正义入手。

当下，双方都认可大多数人的意愿，并视其为一项准则。我们可以接受这种做法，但不能不对其做一定调整。城邦是由穷人和富人两部分组成的，因此我们应该遵从这两个阶层的意愿，或者至少是两个阶层中多数人的意愿。如若两者意见相互冲突，我们就应当把决定权归于大多数人，并且此大多数人为大多数财富的所有者。我们假设有十个富人和二十个穷人，而十个富人中有六人与二十个穷人中的十五人意见相左，剩余的富人与穷人中多数者意见相同，剩余的穷人也与富人中多数者意见一致，那么，最后的主权就应归于任何结合起来的一方中财产总额超过另一方的。如果双方绝对平等，那么就可能陷入久久僵持的局面。不过，就公民大会或审判法庭的僵持状况而言，可能两方势均力敌，所以，他们大都依赖抽签或类似方式解决。

虽然要从理论上证得正义和平等十分困难，但是此种困难要比设法谏劝那些有大把机会以权谋私的人尽量遵守正义轻松多了。可悲的永远是弱者总在争取平等和正义，强者却视而不见，充耳不闻。

章四

在业已述及的四种类型的民主制中，其最佳形式是第一种，同时它也是这些变体中最为古老的。我将依据其居民的自然属性一一述及。在民主制中，最好的第一类居民为农民；由大量的靠耕种或饲养家畜为生的人们，聚合为一个民主式政体是毫无困难的。由于贫穷，他们没有空闲参加公民大会，由于缺乏生活必需品，他们时时刻刻在奔波，因此也不会总是觊觎别人之所有。事实上，他们对于个人事务之关注胜于行政类或公共类事务，后者对于他们生活和生计的作用简直微乎其微，大众可能更渴望获得实际利益，而非一些不实的荣誉。事实证明，如若允许他们自由营生，且得到的收入不被无情地剥夺，那么就如同古代的人们甘于忍受专政统治，如今的人们也能接受寡头统治，而且一旦有机会他们就能迅速脱贫致富。另外，人们拥有选举、监察和审查所有行政人员的权利，并且他们也是满足于拥有这样的权利。在某些民主政体中，如孟提尼，尽管人们未能享有参加行政人员选任的机会，但除去从全体人民中选取的轮流代表权，他们只要拥有了审议权，就心满意足了。即使这样的政体形式亦必须被认为是民主制，如孟提尼。因此，在这些根据上，政策提供了第一类民主政体的条件，群众获得了应有的政治地位，一方面，所有公民一律享有选举和监察行政人员以及出席审判法庭参与审议事务这三项权利；另一方面，各种重要的行政职位借由选拔任命，而且参选者须满足所议定的财产资格。各职位责任越重大，所议定的财产限额就越高。或者可以采取另一办法，即所有行政岗位都不规定财产要求，而是由才德出众的人们出任这些职位。实行这样制度的城邦定能被治理得很好（委任最优秀的公民担任公共职务，群众也乐意受其统治，从而不会产生怨言），而那些贤人显达，由于担任了公职，其自身也免受不如他们或品质低劣的人统治，同时他们也会秉公执法，接受群众的监察。如此相互依赖、相互限制，无人有权为所欲为，这乃是对所有人都有利的结果。如若人人不管不顾，任意行事，世上便没有事物抵挡得住人们内在的恶性。但是责任制却能最大限度地确保对城邦有益，将政府交由贤能的人治理，而人们享有其正当的权益，就能防止重大过错和失利之事发生。显然，这是一种最为有利的民主制形式，其原因在于构成这类政体的公民拥有某些确切的品质。古代的一些法律皆试图使人民从事农耕，比如，法律禁止人们拥有过量的田产，或禁止在市中心或距市中心不远处拥有土地份额。许多城邦还规定禁止私自出售原有土地，更有禁止以土地作为抵押借贷的条例，奥克须卢就曾经制定过这样的法律。阿菲提斯人有过一项法律，这种法律就有助于达成农人安于耕种的目的。阿菲提斯虽然地薄人稠，但其全体居民都参加耕作。这是由于他们并不把土地当作不可分割的个体来估值，而是把土地分为若干块，每一块面积都很小，即使是穷人家，只要能保证足够的一小部分，他们也能达到获得公民权利的财产标准。

次于农民，且与之又有相似之处的是牧民，他们依靠饲养牲畜生活，拥有适宜参战的最佳条件。他们大都身强力壮，擅长野营。其他变体民主制的居民就更次一等，他们的生活也较为艰苦。无论是工匠、商贩，还是劳工，他们所从事的职业都不具备养成优良品质的条件。但是，由于他们常住于市区或临市而居，这个阶层的群众较易参与公民大会。而农民居于乡下，散布四野，他们之间不会经常联系，也不认为此类会面有必要。若在远离市区的小村乡镇建立一套共和制或民主制是毫不费力的，因为那里的人们安于家乡，乐于守业。而若非全体公民参加，即使人口数量达到了城镇的水平，公民大会也不得举行。如此，我们也已阐明如何建立第一类最优民主政体。

最后一类形式的民主制，乃是各种阶层无明显差异，不仅各城邦无法负荷，就其本身，若无良好的法律及习俗，亦无法长久维持。导致此类政体毁灭的大体原因上已概述，而统治者为了建立此类政体却不得不绞尽脑汁千方百计地增加人口数量。他们授予群众公民权，其对象不仅有合法出身者，亦有私生子，甚至包括父母单方为公民的新生儿，这种民主制除了造成一系列的错误外，没有任何益处。倘若政客们一定要采用此类政策，那么正确的途径应当是保证平民的数量不超过显要阶层和中产阶层人数的总和。一旦超过限定，城邦的平衡就会被打破，权贵显达不能再忍受这种政体，于是占地为王，割据政权，爆发动乱，如在叙伦就发生过类似的变革。忽视小的恶性的隐患可能会使局面最终无法控制。无论是采用克里斯提尼为了在雅典推行民主制而制定的方针，还是借鉴叙伦的创建者们使用的手段，都是对实行极端民主制行之有效的办法。如建立新的部落和宗族，限制私有关系公共化，通过各种方式或政策促进公民团结，加强政体的凝聚性。此外，专制者适用的方法亦可认为是合乎此类民主制的，例如，对奴隶的放任（一定程度上是有利的），对妇女儿童的纵容以及允许随心所欲的生活。绝大多数的人宁愿选择混乱的生活也不愿保持清醒而严肃的态度，所以此类政体必然有大批拥趸。

章五

立法者和创建者的任务并非仅是设立一套民主式政体，任何城邦的政体在任何情况下都可能维持一小段时间，所以问题的关键还是回到了政体的存续上。因此，立法者应致力于研究各种政体的保全及毁灭方式，以保证其稳定性。他们应当着眼于一切有可能使之灭亡的因素，通过一系列法律手段确保政体的健全。他们必须相信真正的制度并非充分的民主制或充分的寡头制，而是使其体系能长久延续的政策。当下一些政客热衷于操纵法庭没收大量财产以讨好民众。心系国家利益的仁人义士当尽力阻止此类行为，并立法防止财产公有化。若此，面对加倍的罚金，作恶者自当收敛，人们也不会刻意追究被告者。而对政治告发的审判应当尽可能地减少，对诬告者的行为可以加重处罚。后一类情况常见于权贵之中，且不适宜于公民团体。尽管所有公民对城邦来说都是同等重要，但至少要保证他们中间不能存在敌对政府的人。

最后一种极端政体，人口基数庞大，没有补助任何公民都不会出席公民大会，而一旦出现政府无法支付的情况，这些费用便只能转嫁到显要身上。（政府财政靠征收财产税或使用非正当手段没收财产获得岁入，这些方法在昔时已导致诸多政体灭亡。）假使政府没有财政收入，无力承担会议开销，那么城邦就应该尽量减少召开公民大会，审判法庭也要缩减开庭次数。这样的做法有两个好处：一是避免富裕阶层对公共支出的担忧，减少出现穷人得到补贴而富人得不到的状况；二是审判的公正使得富人不再介意短期的审判事务，因为通常他们是不情愿放弃个人的业务的。政客们也应避免将公共事务的余款予以分配，如若人们总是长期领受，不难保他们不会越想越多，变得贪得无厌，这样的救助相当于把水灌进漏桶一般，没有穷尽。真正的民主主义者关注的是如何使民众不陷于穷困，因为极度贫困也是民主制之一大缺憾；若能采取一些措施，使得众人脱贫致富是对所有阶层都有利的。最适当的方式是将公共财产分次分发，并且这样的救济要足够民众购置一块土地，最少也要满足其经商或务农的本金。而且若其对象为穷人，那么则要按照部落或是地域进行相应的分配。必要时期，富人有义务承担一部分穷人出席公民大会的费用，而作为回报穷人应当参与有意义的公共服务。正是基于这种理念，迦太基的政府赢得了大众的支持。他们定期举办集会，将各行业的人共聚一堂，促进社会共同富裕。对于素有怜悯之心乐善好施的富裕阶层，他们也可尽己所能，帮助穷人自力更生。在塔伦图，富人纷纷效法此举慷慨解囊，为穷人提供资助，因而博得了群众的好感。此外，关于行政机构的分类主要有两种，一是实行投票选举，一是采用抽签方案。前者可以保障优良的治理，后者旨在全民参与。同样地，行政职能也有选举和抽签两类。

章六

关于民主制建立方法的讨论就到此为止。

从这些考察中，我们不难推出寡头制及其可形成的各种组合。众所周知，寡头制之每一变体都是基于其对立面——民主制，因此，其各种组合构造即可出自相当的民主制变体。

寡头制中最为温和的第一类形式最接近共和政体。关于担任公职的资格，在这一类型的政体中当存在两项标准，其中一项较为严苛，另一项相对宽松。满足低标准的人们就可以被指派执行一些较为次要的基础工作，而符合高标准的人们就可承担一些重要职务，拥有以上两种资格的人便能分享相应的公民权利，而那些没有满足标准的人就处于相对较弱的地位，至于新兴公民则排除另计。假如把上述条件稍加限制，则另一类寡头政体又将出现。这种变体最是党同伐异、残暴不仁，非常相似于极端的民主制。而且，它也成为一切政体的极端，故需人们加以最高级别的警惕。所有身强力壮的人或配有专业水手的船都经得起大风大浪，且能安然无恙；但是身体欠佳的人或构造不精良的船可能会因为一点小风浪就顷刻毁灭。同样地，一切政体亦如是，故而最劣的政体要求最高的警觉性。一般而言，人口数量是使民主政体得以保存的一个因素。（在民主制中，数目可以用来表征按值分配的公正体系。）

反之，若要寡头制得以存续，显然应当采用与民主制相反的方法，即建立良好的次序。

章七

正如群众可被分为农民、工匠、商贩、劳工四大类，武装力量也可被划分为四大类，即骑兵、重型步兵、轻武器兵团以及海军。若某地适宜于训练骑兵，那么于此建立起一套强大的寡头政体就较为容易。因为群众的安危系于这样一种武装力量，而只有富人才有足够的钱财饲养马匹。另一类型的寡头政体则可成形于适合操练重型步兵的区域，在此类政体中，往往穷人较富人更能得益。至于轻武器兵团和海军则几乎是属于民主政体的，如今它们规模庞大，若两党相争，偏向寡头制的一方会颇因此为累。一些将领为了解决争端，组建了一支由轻武器兵团和骑兵及重型步兵混合的数量相当的新型武装力量。但在内战中穷人往往是获胜方，他们装备轻便，机动性能强，故而容易击败富人的骑兵和重型步兵。所以，任何寡头政体若从底层民众中组建轻型战备武装力量无异于同自己树敌。因此，从年龄来看，年轻人应该从小就接受军事方面的武装训练，等到他们长大成人，就能够直接执行相关军事任务了。

寡头政体中也存在授予民众享有政权资格的机制。这些机制主要如下：一是授予满足财产资格的人们政治权利；二是授权于那些多年来未曾从事卑贱职业的人们，如在忒拜；三是选举德行高尚的贤明之士，无论他们现任何职，如在马萨里。行政机构的最高职位，应在权利主体中选任，且选任的人员需要背负相应的责任，如此，人们便不会热衷于公职，也不再眼红那些拥有特权但为此担负了重大代价的人士。至于高级官员，他们一旦任职，也能迅速进入各自角色，或发挥奉献精神，或致力于改善公共设施以造福于民，民众自然也乐见其成。城市日新月异，人们安于当下的政体，显达们凭其功劳树碑立传，功秉后世。然而这些根本不是我们当下的寡头统治所施行的政策，情况恰恰与之相反，他们的寡头统治或可描述为小写的民主制吧。

寡头制和民主制的各种组织方法到此就论述完毕了。

章八

为了研究行政机构之职能分配，我们业已述及其数目、属性、机能。没有不可或缺的职能部门，城邦就不可能存在，而没有组织良好、秩序井然的行政机构，城邦就不可能被治理得当。对于一些规模较小的城邦，它们仅仅需要其中一部分；而对于规模庞大的城邦，我们就需要仔细考虑，哪些机构可以合并，哪些机构适宜独立。

第一个必不可少的即市场监督机构，被任命的行政官员主要负责处理合约纠纷和维护市场秩序；第二个是城市监督机构，负责监督公共或私人建筑，道路或旧房子的维护和修缮；第三个是乡村监督机构，负责事务与前一类相似，不过主要是处理农村事务；第四个是负责公共财政收入的公款收支机构，这一部门的官员称为司库；第五个机构负责登记注册各种契约以及记录司法审讯的过程；最后一个机构专门负责处决罪犯，执行惩罚。

这六个必不可少的职能部门必须列为首要，次之的为其他同属必要的机构，还有一些需要更高忠诚度和更丰富经验的部门。这样的机构多是一些负责城邦防卫安保的机构以及具备军事功用的职能部门。不仅是在战时，即便是和平时期，城邦的防御工事和士兵的操练也要有人负责。有些城邦设立多个机构以分别处理不同事务，而有些城邦则只有少数机构，并且较小的城邦也是只满足于一个可以处理所有事务的部门。这些机构的领导者通常称为将军或司令。假如城邦内还设有海军、骑兵、轻武器兵团、弓箭手队，那么每一兵种会有不同的统帅，而这些指挥官亦被称为海军上将、骑兵将军、轻武器兵团团长，而从属于他们的次要的官员乃依次被称作舰长、骑兵队长和连队长，再次一级的官员也依次有各自的称谓。所有的这些便构成了一个军事指挥机构——军令部。

接着再论城邦财政机构。一个城邦有若干部门，其中众多的部门需要处理大量的公款，因此，应该设立独立的财政机构，专门负责其他各机构的账目收支及稽查。担任此机构的主管官员，在各邦名称都不相同，有的为稽查，有的为会计，还有审核或司库之称。

此外，另有一种主管全部政务的职位。在许多城邦中，这种职位有两大权限，他们向公民大会提出议案，再由他们自己决议实施。若是在民众自行决议政务的城邦中，此类官员则担任公民大会的主席，他们就作为控制政体权力的召集人。有些城邦中，此项会议被称为议政会，在另一些以公民大会为主的城邦，则被称为议事会。

以上即为政体中各主要的职能部门，但尚缺另一个专门负责宗教事务的机构，负责宗教信仰，祭祀酬神。此部门则需要一些祭司或执事，后者主要负责寺庙的修葺和维护以及管理一些用于祭祀的公共财物。在相对较小的城邦，这些事务常由一个职能部门管理；而在较大的城邦，除了祭司外，还设置了若干司职，如专司祭典的掌管人，各种神龛的保护人，还有宗教财产的管理者。与此类机构相关的，可能还有分设的一些机构，但掌管市内祭典的不属于神庙之祭司，主持这一类祭典的通称雅康或王或议长。

我们可以把城邦中的各种官职依据其职能而分类。第一类为有关宗教、军事、财政收支；第二类有关市场、城区、海港以及乡村；第三类有关法庭、契约登记、刑罚执行、囚犯监禁以及各行政机构的账目检查、审计以及稽核；最后一类有关政务审议等。此外，在若干繁荣的区域，还专门设立了特殊机构以教化百姓，如妇女监督、儿童监护、风化监管以及体育训练等。另外，还包括管理运动竞赛、戏剧竞赛及其他文化活动的官员。然而，其中的若干官职，如妇孺的监督人，显然不包括在民主制中，穷人没有奴隶，就不得不把其妻儿充作杂役使用了。

领导选举团体选任最高行政官的机构也有三：第一为法律监护会，第二为议政会，第三为议事会。它们分别对应贵族制政体、寡头制政体、民主制政体。

以上即概述了各类行政机构所属职能。

第七卷

章一

要充分研究最优秀的政体，须先确定最优质的生活。只要这个问题没有确定，那么什么是最优秀的政体也将无法确定下来。因为在正常的情况下，可以认为在这个政体下的人会引导最优秀的生活。因此，我们应该可以确定两点，首先是什么是最优质的生活，其次是对于处在整体和个体环境下的人来说，这种生活是否一样。

在学术外的讨论中，我们已涉及了足够多的关于最优质生活的探讨，这里将继续沿用其观点。所以任何人都不会质疑我们将善划分成三类：外在的善、身体的善和灵魂的善，而最快乐的人拥有这三种善。没有人会觉得，撇开了勇气、节制、公正或谨慎，一个人还能成为至乐者，而当一有虫子飞过便害怕不已，又或者为了满足其自身对食物和饮料的欲望，会因为半个铜板而牺牲他最亲密的朋友，这些人像小孩或疯子一样心智不全，思想虚无。若讲出这些观点来，几乎所有人都承认，只不过在程度或孰优孰劣上存在差异。有部分人觉得，有一些美德就足够了，但在财资、实物、权力、名声及诸如此类的东西上则应当没有限制。对于这些人我们要说明，且事实上也很容易证明的是：人们无须借助外在的善行去获得或保持德行，相反，外在的善行须借由德行的帮助和引导；而且，幸福无论是从快乐或德行中获得，还是从二者兼备中获得，都属于那些思想高远，品质高尚，在各方面修养良好的人们，而非那些拥有外在的善行但德行却极度匮乏之人。关于这点，不应该只根据生活经历来判定，更需要理性的指导。因为外在的善行都有其局限性，就像某些工具或一切可用之物都具有局限性一样，一旦超出了其限制，对于拥有它们的人来说，只会变得有害无益或者毫无用处；而灵魂中的每一种善，却是多多益善，它们不但高尚而且对人大有裨益。一般来说，每件事的最佳状态都取决于境界的高低。因此，从某种意义上讲，若灵魂比我们的财物或身体更加宝贵，那么相似的每件事物的最佳状态也将与此有类似的情况。并且，为了灵魂的善，外在的善行和身体的善都应该被考量，一切有智慧的人都应该这样去实践，而不是由于这些事物才去择选灵魂。

我们承认，每个人拥有的幸福与他所具备的德行和智慧以及以此行事的能力相当。上帝可以做证：神所享有的快乐和幸福，是凭借其自身的本性，而并非借助于外在的善行。如此的幸福有别于幸运，因为诱导外在的善行的原因是自发的或偶然的，但正义或节制并非由于机会或借助于机会。与此同理，幸福的城邦也必然是最佳的和正义的。相反，对于那些行为苟且之人没必要讨论所谓的高尚和正义，脱离了德行和智慧，个人或城邦都不存在正义行为一说。以此，城邦的正义、节制和智慧跟每个人的勇毅、智慧和节制之间具有本质的联系。

我们可以将上述的观点作为引论，因为后面不可避免地还要接触到此类问题，但也不能在短短的篇幅中就彻底详述，这也涉及另外一个学科需要探讨的问题。

在此我们假定，无论是对个人还是某一城邦来说，最优质的生活是具备某些德行的，这种德行要有足够的外在的善行去引导做事。若有人对我们的论证持反对观点，本文章将暂不考虑，以后我们将做详细的研究和解释。

章二

接着需要探讨的是，个人的幸福与城邦的安定是否相同，是否有必然联系。这是毋庸置疑的，没有人会反对说这不是同样的一种幸福。对那些认为拥有财富就意味着良好生活的人来说，国富民强是最圆满的结果；而那些追求僭主生活的无上荣耀之辈，会觉得最幸福的城邦在于管辖尽量多的子民；那些个人快乐源于德行的人，会觉得城邦之内的公民当然是越善越好。如此，则有两个问题需要考虑：首先，相比之下，更应当选取哪种生活？是成为某一城邦的一员，还是成为一个置身事外不参加任何团体的局外者？其次，哪种章程的城邦或哪种政体是最好的？政治权利是使得所有人满意为好还是仅仅使得大部分人满意为好？由于我们讨论的主题是城邦的安定，而不是个人的幸福，所以个人的幸福不在探究的范畴，或将顺带提及，但重点还是着重讨论城邦的安定。

很明显，最优的政体具有这样的特性：其管辖范围内的人民行为高尚，生活美满。不过，即使选择了最值得顺应的生活，那些认可道德生活的人们也会提出这样的问题：若完全依据外在的善行，政治生活和实际生活是否更为重要？正如冥想者的生活，有人会觉得这才是哲学家的生活。不管是过去还是现在，有两种生活都是人们所热衷的，即智者式的生活和政客式的生活。但是哪一种生活更值得选取，这是一个难解的问题，对明智的人来说，需要用最高尚的目标来约束自身的行为。一些人认为，对他人实施蛮横的统治会导致极端的不公，而政治化的统治虽然尚算公正，但是一定程度上阻碍了人们对舒适生活的追求。与此相反，一些人主张实用和政治的生活方式，不管对于政治家、统治者还是个人，每种美德都将得到实际的执行。也有一些人觉得只有专制、僭政的统治才是造福人民的政体。事实上就有某些城邦以对邻近人进行专制统治为目标，制定相关法律和章程。因此，尽管大多数城邦的法律较为繁杂，但它们仍有一个目的，那便是谋求或维护强权统治。就像在斯巴达和克里特一样，它们的教育体系和大部分的法律法规都是为战争而设的。并且，一切有能力发动战争的城邦都会展现其勃勃野心，就像在斯居泰、波斯、色雷斯和凯尔特这些国土发生的情况一样。

在某些地方，甚至会制定法规来加强这种好战情绪，像在迦太基，据说士兵参加过多少次战斗就能佩戴多少只代表荣誉的袖带。马其顿曾经有一条军法规定，没有斩杀过敌人的士兵只能在腰间别一条丝带；与此类似，在斯居泰没有击杀过敌人的人在庆功宴会上不能饮用在众人中传递的酒。在伊卑里亚这个好战的城邦，阵亡者的墓地周围会放置方尖碑，石碑的数量刚好等于其杀死敌人的数量。这样的城邦数不胜数，有些是由于法律造成的，其他的则是来源于风俗。那些勤于思考的人们定然会觉得疑惑：难道政治家们挖空心思就是为了统治和欺压其邻邦，而不管他人愿意与否？政治家和立法者怎么能够做出不合法的事情来呢？没有正当权力的不公正统治是非法的行为，专制即是不公正的。而在技艺和科学等诸多领域中，这些行为不常见到，就如医生不会强迫他的病人，船长不会逼迫乘客充当水手。但是绝大部分人可能都认同，政治等于专制。在自己人之间被认为是不义的行为，人们将其施加在他人身上却不以为耻。并且，只在关乎自己的事情的处理上要求以正义为依据，遇到自己以外的人，就不谈正义了。假如，一部分人不是本质上期待专制，而另一部分人亦不要求专制，那么上述行为就是荒谬的。所以有时候出现这样的情况，也不应该是对全部人的专制统治，而应该施予那些天生接受压迫的人，就像不管是食物还是祭品，都应该捕捉那些适合食用的动物，而不应当以人作为猎杀的目标。如果真的存在一个独立的幸福城邦，秩序良好，而且这个孤立的城邦具备合适的法律和优良的行政管理的话，那么这个城邦的政策绝不应该以战争或打败对手为目的，因为对它而言，丝毫不存在敌人之说。很显然，所有好战的民族都会尽量地夸赞和推崇战争，不过战争并不是所有事物的终极目的，而仅仅是一个手段而已。一位明智的立法者会查究怎样才能使城邦和种族融为一体，并使人们过上快乐的生活，尽可能地享受幸福。该立法者颁布的法律并不是一成不变的，而是更会仔细斟酌与邻邦接壤的区域，考虑对不同的邻人采用不同的方式，甚至考虑如何应对双方的交往。至于城邦的最好政体形式是以何为目的，则需要留待后面研究讨论。

章三

对于那些赞同最优良的生活是具有德行的生活，但对德行的实用性有不同理解的人，这里将从两个方面进行考察。有些人觉得毫无约束的自在生活是最应当选取的生活，他们不屑于当权执政的政客式生活。而另外一些人则觉得政治家的生活才是最优秀的，因为无所事事的生活是不可能行善的。断定这两类人说法为正确或错误都是不客观的，两者均有正确的部分和错误的部分。第一种人觉得独立的生活好过专制者的生活，这是完全正确的，因为使奴唤婢，役使下人并不光彩，对日常的事务发号施令也不属于高尚的行为。不过，觉得所有的政客都会独裁专制，内外揽权，这就不对了。因为对自由人的统治和对奴隶的统治是存在天壤之别的，也就是说，某些人天生就是自由者，而某些人则注定要被奴役。这种情况在前面的内容中我们已经多次提到。同时，视不作为高于有所作为的看法也颇不准确，因为只有行动才能带来幸福，而且正义和节制的行为往往蕴含着各种高尚的目标。

但也许有人既接受上述论证，也同样赞成某些人保有至高无上的权力，因为权力能够实现所有的东西，手中有权力就会实施大量高尚的行为。这样，有能力的就应该夺取更多的权力以方便进行更好的统治。所以从这个层面考虑，父亲不需要考虑礼让子女，子女也不必礼让父亲，朋友也不须相互推让，因为至善的行为在于实践，而实践则有赖于权力。如果说此种观点也包含真理，那么盗贼和暴徒也可以凭此为自己的罪行开脱，即他们是为了某种至善而采取了这样的手段。但是情况并非完全如此，毕竟它们的前提都是虚假不实的。也就是说这种行为并不高尚，除非行动者远优于其他人，就像男人强过女人、父亲强过儿子、主人强过奴隶一样。偏离德行的人无论多么伟大都无法弥补并抹平其之前所犯下的罪行。对彼此平等的人们来说，正义是共同拥有的部分。不过对平等或同等的人进行不平等或不同等的对待都是违反了自然法则。所以，若某个人的德行和善行都是为着他人，那么我们有理由真心实意地臣服于他。不过此人也需要兼备高尚的品质和卓越的才能，以统率众人。

如果我们的观点无误，并且假定幸福就是有效的行为，那么无论是对城邦还是个人，积极的生活永远是最好不过的。然而生活不一定与他人相关，一些人认为此类想法不过是追求实用的效益，但更多人，其想法和意图对个体自身来说却是独立和完备的。因为积极地生活，以某种行为为目标，其行为本身就是一种最为真实的活动。与其他城邦隔离的城邦选择消极独立是必须的，至于其积极的部分，也可以有很多方面。城邦之间的互通行为可以有许多种方式。对个人来说，情况与城邦类似。如果没有超越其本身能量的外部的神和宇宙，那将是不完美的。因此，显而易见，无论是对个人、国家，还是人类，最好的事情都是相同的。

章四

得到了以上结论并对各种政体进行概述之后，就需要探讨余下的一个难题：什么是组成一个优秀政体的前提条件。假如没有与之对应的生存模式，就不能产生一个优秀的政体。撇开不能完成的条件，我们需要假定各种各样的预想条件，例如大量的民众，广阔的领土，等等。正如织工和船匠等生产者都需要预先准备好生产的原料（因为原料准备得越充分，制造出来的产品也就越精良），政治家和立法者也应当像这些生产者一样准备好他们工作的“原料”。

政治家所需的首要元素是大量的民众。他们要考虑民众的数量和特质，并据此厘定疆土的面积。绝大部分人认为，一个幸福的城邦应当人口众多。不过就算这种看法的确无误，但怎样确定大国或小邦却不容易。因为这些人只会根据民众的数量来判断城邦大小，但是事实上他们更应该依据城邦的能力来判断。城邦也有其自身的机能，所谓大邦就是那些很好地实践自身机能的城邦，就像希波克拉底是因为医师一职而变得高大而不是因为身材高大而高大的。就算一定要从民众数量上来评述，也不能只是随随便便地统计（因为每个城邦中基本都会有众多的奴隶、移居者或异邦人），而是应当以城邦的成员和构成城邦中坚力量的部分为基准。这部分的民众数量才是衡量一个城邦大小强弱的标志，而拥有大量工匠却罕见重装步兵的城邦并不能称为大邦，因为大邦跟人口众多的城邦并不能混为一谈。

事实证明，民众过多的城邦很难甚至不会有良好的法治。那些管理得井井有条的著名城邦都对人口有限制。各种理论也同样证明了这一个观点，因为法律意味着某种秩序，良好的法律必然会形成优良的秩序，但是人口过多根本不能保持良好的秩序，除非有神力存在，神就是通过这种力量驱使世间万物的。众所周知，数量和大小组合产生了美好，故而大小适宜的城邦必将是最美好的城邦。在大小上对城邦有限制，这也存在于其他事物中，如动物、植物或各类工具一样，每种事物都不应过小或过大，如此才能发挥其最大功用，一旦丧失其自然特性，就不会有发展了。一指长或半里长的船不能称为船，或许会存在一些大小勉强合适的船，但船的航行速度却会因为其过大或过小而受到影响。如此，一个城邦太小则不能自给自足（城邦就在于自给自足），而过大虽然可以满足其日常需求，像某些部落，但由于很难建立政权，也就不能称为城邦了。何人可以领导众人？若无斯顿托勒斯那般的嗓音，谁可以为他们传话呢？

于是，一个城邦必须首先有很多人，并且能够靠自己的力量把这些人养活，让他们在这种政治环境下过上不错的生活。它可以或多或少超出基本人口数量，成为一个相对较大的城邦。但是像我们所说的，这是有限制的。至于以何为极限，我们就可以参照实际的例子。因为，在一个城邦，统治者的行为和被统治者的行为是不一样的，当地行政官员要做的事就是下达命令并进行仲裁。比如要裁决一件诉讼案，若必须根据资格或者才能高低来决定官员的话，就必须先要了解每个人的情况，清楚他们是怎么样的人，但是关于这一点公民往往并不熟悉，所以他们就不能胜任这些职位。很明显，在人口稠密的地方，这两件事都不会很公正，而且经常都是很草率的。另外，在这样的城邦里，异邦人很容易就取得了居住权，因为混杂，就必定有很多疏忽之处。因此，任何城邦最理想的人口数量是能够满足理想生活状态下的人口的最大值，这样不仅人们能够安居乐业，城邦也能得到良好的治理。有关城邦之大小的讨论就谈到这里。

章五

关于领土，情况亦复如是。一提到领土的性质，很明显，每个人都愿意自己的领土可以自给自足。因为那就代表自己什么都不缺少。领土的范围应满足能使人民过上自由、富裕但是仍然节制的生活。至于这个定义是否正确，我们还得参照一般情况的财产问题，还有应该以何种途径或者以什么方式使用，如此才能对它重新定夺。然而，这个问题还有很多的分歧，因为对于生活的方式，人们总是各持己见，有的人主张简单，有的人又喜欢奢靡。

领土的形式并不难描述（有些地方应该多多听取军事统帅的建议），至于所辖之处的地形地貌要能够作御敌之用，并且方便民众进进出出。另外，就如同我们说要对人口的数量进行监视一样，对于领土也应当如此，因为若领土方便监控，那么防御起来也很容易。至于城邦的位置，如果选择适宜，就应该选在交通很便利的地方，最好陆海空都有。这是众所周知的标准，因为这样就能很好地发挥它的地理优势，有利于城邦的防卫。另外一个优势就是，便利的运输条件，使诸如农作物、木材还有其他便于运输的东西都可以很快送达。

章六

至于海上的交通对那些秩序井然、法制健全的城邦来说是好是坏，大家都各执一词。有的人说让异邦人进入自己的城邦很不利，因为很可能会破坏既定的法律，而且人口数量也会因此增加。同时，如果允许了海上交通，很多商人来来往往，不利于城邦的治理。虽然这的确自有其道理，但是海上的交通却是极为有益的，如果一个城邦开通了海路，安全就多了一层保障，也相对增加了生活必需品的供应。如果一个城邦与邻邦发生战争，若有了海路和陆路两方面的保障，就非常容易得胜了。即使不能两边同时出击，但是这两种兵力也足够给敌人一个下马威了。如果自己的城邦缺少了什么必需品，还可以利用海路进口，多余的物资也可以出口，这样海路就形成了一个规模庞大的市场通道，那些和本邦一起构成这个市场的邦国也都获得了利益。这样做还可以增加财政收入，倘若城邦不屑于这类收入，当然也无须开辟这样的市场。现在，我们可以见到多数位于交通要道上的海港城市，它们的地理位置非常优越，离都城既不是太远，也不是很近，若太远则容易被分离出去，太近又不便于设置防卫设施来保卫自身的安全，所以它们的位置都是恰到好处。显然，邦国之间海上往来的好处便是如此，而若有害处，那么就该让法律发挥其功效了，因为它可以规定何人可以进行交易，何人不得进行交易。

至于海上军备力量，最好是能拥有一定数量的海军，因为一个城邦不但要维护自身的安全，也要有能力威慑邻邦。另外，当友邦需要援助之时，除陆路外，也能从海上赴援。不过，海军的数量和规模应与城邦的实际情况相当。若某一城邦试图成为政治上的领军者，那么它就必须拥有这样一支强有力的海军武装。而要组建如此庞大的海军，并不需要城邦一定具备大量人口，因为海军的服役成员可以不必只是来自同一城邦。但是指挥战船之类的事务必须由自己城邦的管理者来操控，陆军也如此。拥有很多农民和农奴的城邦自然就有了优势，因为他们的数量庞大，可以从中挑选大量海军。如今我们看到的有些城邦规模虽然不大，像赫拉克里亚，但却拥有很多战船。

关于城邦的领土、港口，海上的往来和海上军事力量的论述就到此为止。

章七

前面我们已经阐述了公民数量的限度，继而，我们考察公民应该具有的某些特性。对此，只要分析那些著名的城邦和世上种族的分布规律，这个问题就不难理解了。那些居住在严寒地带的欧洲各族都精力充沛，但是由于思想和技术方面都较为欠缺而有所不足；尽管他们自由自在，但是没有成形的政体组织，所以尚无统治邻人之能力。亚细亚土著居民充满智慧并且极富创造性，但缺乏精力，因此他们总是受人统治和奴役。而希腊各族位于两者之间，兼具两者特征，生气勃勃并富有智慧，所以他们既保有自由，又创造出了最佳形式的政体，并且只要他们能够组织一个政体，此政体将适用于全世界。不同的希腊部族也有着与前面相似的差别；他们中有些人本性单一，或者聪慧，或者勇敢，而有些人则很巧妙地结合了上述两种品质。然而，不可否认，聪慧且果敢之人最应当被立法者树为道德楷模。有些人说卫国之士对熟人友善和蔼，对陌生人粗暴无礼。这正是由于友善是一种灵魂深处的热情，它使得人们相亲相爱；尤其当我们被自己的朋友和熟人看不起时，会比被陌生人看不起更能扰乱情绪；这就是为什么阿尔齐洛科斯在抱怨他的朋友时，自然而然地向自己的灵魂控诉道："汝竟为友人所伤。"

所有人对权力和自由的钟爱都基于这种特性，因为热情非权威所能战胜。但此论并不谓卫国之士当对陌生人傲慢无礼，毕竟任何人都不应该对别人发脾气；况且崇高的人并不天生粗暴，除非是面对恶人。如前所说，这是在他们认为自己受到朋友错误对待时表现出的最强烈的情绪。这确实是合理的，因为除了实实在在蒙受伤害之外，他们也失去了本来应该得到的帮助。常言道：弟兄相怜或不如对手相惜。又有：爱之愈深，其恨愈切。

如此，我们就大致确定了城邦人们的数量及其特征，以及领土的范围与性质。至于说“大致”，是因为我们不应该要求理论与从认知中得来的事实一样精确。

章八

同其他自然结合体一样，那些依附于整体存在的部分不一定就是结合体的某一成分，故而，显然那些构成城邦的必要要素并不一定就是组成城邦整体的部分，另外，其他共同体与构成它们的成分也有类似联系。共同体的成员们必然以某种相同的共有的事物作为参照，来划分平等或者不平等的权益，这些参照可能是食物、田产或者其他东西。然而，如果存在着手段和目的两种事物，那么其唯一的联系就是一个获取另一个的成果。比如，建筑工人和建筑工具与建筑的关系；建筑与建筑工人没有共同点，但是建筑工人的技艺是以建筑为目的的。所以城邦需要财产，但是财产（甚至包括生命体在内）并不是城邦的组成部分；因为一个城邦并不只是生命体的共同体，还是同等之人的共同体，并且尽可能以提供优质生活为目的。幸福即至善，是道德的兑现和高尚的实践，然而只有部分人可以享有，其他人很少或根本不能分享。显然正是人们的殊异造成了城邦和政体的多样性，不同的人追求幸福的途径和方法不同，以至于形成了不同的生活方式和政体形式。我们必须知道城邦存在的所有必要条件，因为所谓的城邦之组成部分即在其中。如此，或许我们应当详细列出城邦的各种机能，以便快速认清问题的本质。

第一，无疑是食物；第二，是各种技艺，毕竟谋生需要各种能力；

第三是武装，因为共同体的成员需要武装力量来维护权威，抵御违令者和外来入侵者；第四是一定数量的税收，既是为了支付内政开销，也是为了战备需要；第五或者说最首要的是所谓祭祀之类的宗教事务；第六，一切的重中之重，是公共事务及公民利益间的诉讼裁决。

上述所说的就是构成一切城邦的必要条件，缺一不可，因为一个城邦不仅仅是人的集合，还是以自足生活为目标的联盟；如果缺少了这些条件中的任何一项，我们就不可能维持共同体的完全自给。一个城邦必须具备所有以上机能后，方可建立。必须有生产粮食的农夫，提供技艺的各种工匠，作为城防的武装力量和裁决争端的仲裁者，甚至富人，甚至祭司。

章九

认定了这些点后，我们还需要考察，是否应该让全部人共同从事这些工作，是否每个人有作为农民、技师、议事员和陪审员的可能，或者将上面提到的每种职能分配给不同的人，或者选定一些特定的人来从事部分工作，而剩余工作由所有人共同分担。然而，同样的分配不存在于任何政体中。因为正如我们提及，由全部人共同分担所有的工作，或者反之，指定某些人担任固定工作，故而产生了不同形式的政体。在民主制中，全体公民分担一切的工作，在寡头政体中，情况则恰恰相反。如今，我们所论述的正是最好的政体形式，在那种政体下，整个城邦的民众会更幸福（这种快乐，正如前面说的那样，离不开道德）。我们可以清楚地知道，在一个纯粹意义上治理良好、法治公正的城邦中，人们不可能去做工匠或商贩，因为那样的生活既不高尚也不利于培养德行。并且他们也不会是农民，因为德行的养成和从事政治活动都依赖于闲暇。再者，在一个城邦中，对于公共事务和公民之间诉讼的裁决，武装团体以及议事人员起着至关重要的作用，那么我们是应当把这两种人区分开来，还是应由同一些人充任两种角色？这一点毋庸置疑，一方面同样的人可以分担不同的职能，另一方面应由不同的人承担上述两种职能。由不同人分任，是因为两种工作的侧重点不同，比如，一种需要智慧，另一种需要力量。但是那些拥有武装力量能够进行抵抗的人自不甘愿屈居在约束之下，所以从这种层面上而论，可由同一些人兼任两种职能，因为那些拥有武力之人也具备摧毁政体的力量。因此，唯一可行的办法就是将两者结合，让同一些人在不同的时间行使两种职能。根据自然形成差异，既充分运用青年的行动能力又吸取长者的智慧经验。依据价值或才能进行的分配既有利又公正。而且，这些方面的职能人员还应是拥有财产资格的人。因为他们都是公民，而只有有产阶级才能成为公民。但是，工匠就不是城邦的一部分，从事任何不能培养德行的职业的人们都不属于城邦的一部分。如前所述，幸福的生活离不开美德，若全体公民不崇尚德行，那么其城邦也不能称为幸福之邦。所以，这些人必须具备恰当的财产资格，正如奴隶或野蛮的乡下人必须干农活一样。

以上所列举的，还剩下祭司这一类。祭司的职能很明显，因为农民或工匠不可能成为祭司，只有公民才胜任敬奉诸神一职，而公民的组成分为两个部分，即武装人员和议事人员，所以从城市生活中隐退的相对年迈的老人比较适合担任神职人员，他们亦可从此类工作中收获一份安宁。

我们清楚地展示了哪些是一个城邦必须具备的条件，哪些是其组成部分。对城邦来说，或许农民、工匠以及雇工，都是不可或缺的，但是只有武装人员和议事人员才是其真正的组成部分。这些人承担着不同的职能，有些人一生只从事一份工作，而另一些人则轮流接任不同的职务。

章十

政治家们提出划分不同类型城邦的需要早已不是一天两天，士兵应该与百姓有所区分。施行于埃及和科里特岛的划分体系一直延续到今天，按照传统的观点，这套划分体系起源于埃及的斯特里斯时代和希腊克里特岛的迈诺斯时代。共餐制出现的时间也很早，在希腊的迈诺斯王朝就已出现，在意大利则更早。意大利史学家说有个叫伊塔卢斯的奥诺曲亚君王，从他开始奥诺曲亚人被称为意大利人，他把位于斯居勒提克和拉美提克海湾之间的欧洲半岛命名为意大利，两个海湾之间有半天的路程。史学家们称伊塔卢斯把奥诺曲亚人从牧民变成了农夫，除了给奥诺曲亚人带来了法律外，还创建了共同进餐制度。即使在今天，伊塔卢斯的后裔仍保留着共餐制以及曾在伊塔卢斯实行的其他制度。在意大利的提伦尼亚一侧居住着奥布科人，在古时被称为渥逊尼人；在意大利的另一侧是雅庇吉亚和爱奥尼亚海湾，在西里底斯区域的琼尼人，同样是奥诺曲亚人的后裔。共餐制起源于南意大利。而种姓制度则起源于埃及。色素斯特里称王于埃及要比米诺斯称王于克里特早得多。事实上许多其他的事物在历史的进程中被发明了好几次，或者无数次，由此，我们有充分的理由可以设想“需要”本身就是那些迫切进行发明的老师。当这些发明的事物被推行之后，很自然地随之而来的点缀和充实生活的事物亦会逐步完善。我们可以推断政治制度具有相同的规律。埃及是古老的事物的见证者，因为埃及人是最古老的人种。他们拥有起源于远古时期的法律和政治制度。因此，我们应该在已有制度的基础上，完善其缺陷，弥补其不足。

前文业已指出，土地属于拥有武器并具备参政资格的人，当然农民不在此列。我们也已确定了领土的范围和性质。继而我们讨论土地的分配和农业的特点，我们不认为财产是公有的，只有达成某些持续友好的共识才能共同使用土地，但是没有人会满足于温饱的生活。至于共餐制，人们的共识是它的存在对于有序的城邦有益无害，以下我们将对此做出相关解释。共餐制应该向所有的人开放，对穷人来说因为个人养家的原因很难为公共财产的总和做贡献，此外公众祭祀所需的费用同样应当属于一项公共费用。土地必须被分为两个部分，一部分是公共的，另一部分是私有的。并且每一部分都应该细分，部分的公共土地提供用于宗教活动的开支，另一部分用于支付共餐制的花费。至于私有土地，一部分靠近边境，另一部分靠近城邦，因此，每个人都有两块土地，他们可以同时在两个地方拥有土地，这样的划分兼顾公平和正义，也能促使人们在边界战争时团结一致。在没有实行这种制度的地方，部分人并不打算为与邻邦交战而做准备，另一部分人小心谨慎，甚至委曲求全，不惜损及本邦的颜面。所以在某些地方有法律明令禁止居住在边境的人们参与有关边境战争的公众评议，因为其土地利益有可能歪曲他们的判断。基于已提到的原因，那么，土地应该按照描述的方式划分。最好的状况就是被奴役的农民属于不同的种族和信仰，一旦他们信仰相同便更容易联合起来发动变革。另一种良好的情况是，农奴属于珀里俄基的国外种族，且具有相同的劣等性，其中一部分人最好作为私有奴隶，受雇于私有农场主，另一部分则隶属城邦公有，为公共土地所用。以下的部分，我们将对何为正确对待奴隶的方式以及为何要将自由作为他们服务的报酬做进一步解释。

章十一

我们业已论述，城邦应该同时开放陆地和海上的口岸，并尽可能使都城成为中心之缘由。对此，关于其地理位置，我们有四点须要斟酌。首先是健康问题。朝向东方的地区，可以常受太阳的照耀，东风的吹拂，是最利于健康的。此外，因为避开了凛冽的北风，因而此处能有一个温和的冬季。其次，位置能否同时方便政治管理和战争也很重要。对战争而言，都城应当便于人们的安全出入，但不能轻易为敌军占取。除此之外，应当保证有充足自然的水资源——泉水或河水，倘若不足，或可修建水库积蓄雨水，一旦居民用水途径被阻断，可保障供应而不致战争失败。同时，居民健康也是值得注重的问题，这将主要取决于城邦的位置和居民的表现。再次是对纯净水的使用。绝不可因为其为次要因素而掉以轻心。我们最多和最常使用的水和空气，是达到身体健康的最重要的元素。所以，在所有开明的城邦中，一旦有纯净水的需求，而供应又不充足时，就规定须将饮用水和用于其他用途的水区别开来。

至于城邦的防守，不同的政体应采用不同形式：高地筑城适合寡头制或君主制，但平地建城适合民主政体，而对于贵族制前两种都不适合，它应该修建一系列堡垒。如果采用希波达莫斯介绍的现代模式布局私人居住区，那么这种安排不仅美观舒适，而且与人便利，但出于战时的安全考虑，早期的建筑模式能迷糊陌生人，因此袭击者也难以找到入侵的方向。所以，一个城邦的建设应同时采用这两种方案，建设不规则的房屋，像农夫种植葡萄之类的藤蔓植物，其田地中有部分称为“斜畦密垅”。邦城不应该被设计成直线的模式，只应该一部分设计成那样，应当兼顾安全和美观。

至于城墙，有人说强大的城邦不需要城墙，这是相当过时的观念；他们可能忽略掉了那些自傲城邦导致的教训之事实。诚然，当敌人在战斗力和自己相当而且数量上无差的时候，躲在城墙后面的确是缺少气节的作为；但是敌军的人马往往是强于本方太多，而且个个骁勇善战，如果此时想要得以保全，避免失败和屈辱，唯一的依靠便是借助于坚固的城墙，特别是在如今投石装置和围攻技术已经十分发达的状况之下。主张不需要城墙的言论之愚蠢就如到一片暴露的区域建城筑邦，还要夷平四围的行为，或者如同一个人为了不让周围的人称其为懦夫而将房子撤去墙壁一样。我们不可忽略，那些拥有城墙保护的城邦可以选择是否利用其城墙优势，而没有城墙的城邦，则别无选择。

如果我们的结论是公正无误的，任何城邦不仅都需要城墙，并且应同时注意美观性和战争时的实用性——足够抵抗各种新的攻城发明。城邦的袭击者总是尽其所能地寻找破绽，所以城邦防守者应充分利用任何已经发现的防御手段，并试图发明一些新的方式。当一个城邦有充分的准备时，便能固若金汤。

章十二

正若城墙按照适当的间隔可分为哨所和高塔，公民须要享有相应的共餐制度，由此，我们自然会联想到应当在哨所附近建立一些公共就餐点。这些建议可能会被实施；而行政官员的公共就餐点原则上应该建在一个合适的地方，并且和宗教朝拜的相关圣殿联系起来，但那些法律或阿波罗之神谕有限制的特殊地点除外。这些站点或可建于地广人稀视野极佳的位置，提供给在其附近之人以瞻仰饱含崇高美德之高塔的便利。再下面一点可以建立一片广场，如那些帖萨利亚人口称的名为自由的广场；在这一片区域，一切贸易行为应该排除在外，甚至工匠、农夫，或任何没被允许进入的人也如此，当然，除了被行政人员召唤之外。如果有老年人在此进行体育锻炼，那么这又将是一个迷人的地方。至于体育锻炼应把不同年龄的人分开，一些行政官员应该和青年们在一起，还有一些则留待在成年区；行政官员的存在是鼓舞人心、激励向善的最好方式。与此同时，还应该设立一个贸易市场，远离公共广场，以便于来自海内外的货物的接收和运输。

但在谈到行政官员时，不应该忘了另一部分人员，即祭司类神职人员，因为他们共餐的餐点也应设置在适当的临近神祠的地方。而处理契约、诉讼、传票等事务的行政官员以及那些管理城邦广场及公共建筑的官员们的餐点，应该建在某些广场和一些公共场所附近。集市周围或许合适；较高处的广场用于生活休闲，其余的作为买卖必需品的贸易中心。

相同的原则或通行于村野，那里有诸多行政官员，被当地人称为林地检查员或郊区看守者。他们在执行任务时也必须配备相应的哨所和就餐点；祠庙也应遍布在各地，作为专用，一些用来供奉神祇，另一些用来告慰英灵。

总是停留于这些细节，恐怕会花费我们更多的时间。而困难也不是在想象中而是在实施上。我们也许能够尽可能地谈论它们，但它们的执行却取决于天时地利。因此关于这些问题我们不再多论。

章十三

回到政体本身，我们需要寻求的是什么及怎样的因素才是决定幸福生活和国邦安泰的最终条件。其中有两点值得注意：其一是确实正确的宗旨和行动目的，其二为清楚意在达到目标的行为手段，因为手段与目的或相一致或相背离。有时人们事先设立了目标，但在实践中不能实现它；有时，所有的方法都可获得成功，但人们过于苛求也导致了不好的结局；有时，他们的手段和目的都会失败。例如，医术的学问。医师并不总是了解健康的本质，他们使用的方法可能根本起不了作用，以致达不到理想效果。在所有的技艺与科学中，一切目的与手段应该等同地在我们掌控范围内。

所有的人显然都渴望快乐和幸福，一些人拥有获得的能力，但其他人，由于某些遭遇或天然缺失，他们对美好生活的向往终不能实现。优质的生活需要外部的供给，在良好的城邦，这种需求程度相对较小，在一个力量较为薄弱的城邦，这种需求就相对较大。还有一些人，他们拥有实现幸福的条件，但却弄错了其首要追求。但由于我们的目标是找到最好的政体形式，即，城邦将能得到良好的治理，而治理完善的城邦才有获得幸福的最大机会，所以显而易见，首先我们必须确定幸福的本质。

我们在《伦理学》中说过，如果提出的论点是正确的，那么幸福是美德的终极形态，这并不是假设，而是基于事物的本质。我使用的术语“假设”表示必不可少的其他条件，而“本质”表达了其内在的美好。就以正义的行为为例，采取惩罚确实是源于善的准则，但它们之为善仅仅是因为我们不能没有它们——而我们宁愿个人和国家都不需要这些东西。给予他人荣誉和财产的善行无疑是最好的。惩罚行为只是一件可以施行的坏事，而善施则是开创善业的基础。一个善良的人陷于贫穷和疾病以及其他困乏，都可能相对乐观；但幸福只存在于相反的条件下（这也符合伦理学的论证，真正善良的人，因为他的本性即绝对的善；当他在发扬其内在善德之时也是基于绝对意义上的善）。这样使人认为外部因素是导致幸福的原因，但我们也可以说琴声悠扬是因为其本身构造巧妙而不是表演者高超的技巧。

这就是我们所说的，一些立法者必须找到业已存在于城邦的事物，其余的需要他设法创造。因此，我们只能希望：愿我们的城邦可以有充足的货物财富配置，然而这些只能依赖天命（因为我们承认她的权力）；但是美德与善意却不是一种偶然的结果，而是知识和意志的体现。一个城邦只有那些参与了公共事务的公民具备美德，才能成为善良之邦；我们应当探讨怎样使一个人变得高尚。即使我们可以假设公民团体是善良的，可是并非每个人都如此，但若后者人人为善会更好，所有人的德行一定关乎每个人的美德。

人们可以通过三种方式获得善良和高尚，即天性、习惯以及理性。天性在前，每个人都出世为人而不是其他的动物；因此，他必具有了一定的特性，有了身体和灵魂。但一些天性是没用的，因为习惯会改变它们，还有一些禀赋，通过成长，日益变好或变坏。大部分动物过着顺应天性的生活，虽然一些极少数的或许会受到习性的影响。人除了天性和习惯之外，还遵从理性原则，而且也只有人具有理性。所以天性、习惯、理性应该彼此一致互相和谐；即使它们不一致时，人们也应遵照理性，或宁可违反天性和习惯。我们已经论述什么样的性质的人才是可能为立法者驾驭的。剩下的就是教育的工作，我们的学习有些是靠习惯，有些则赖于教导。

章十四

每一个政体是由统治者和臣民组成的，那我们就须考虑到两者关系应该是交换性质的还是永久固定的。对公民的教育必然依据这个问题来制定。现在，如果有人超越其他同类，如同众神和英雄优于普通之人（首先他们体格强大，其次他们的头脑发达），那么他们作为统治者统治其余的人就名正言顺，无可争议。但由于这是不可能实现的，如赛拉克斯所说的印度诸王显然是非我等所能目睹，亦只是流于纸上的传说罢了。很多方面的原因显示所有公民都必须轮流执政，参与统治。平等即同样的人受到相同的待遇，违背正义建立的政体定然是短命的。这样的政体将导致被统治者伙同四下之人发动变革，较少成员的统治集团就不可能抵挡得住比他们所有的人更强大的敌人。然而，统治者胜过其统治对象是不可否认的。立法者必须考虑这一切是如何产生以及以何种方式让其参与政事。自然属性已经提供了区别，它使得同一物种中存在年老的和年轻的，让一方受制于另一方。没有人会因为在青年时期被统治而烦恼，他们也不会自怨自艾，特别是如果他们能得知在达到所要求的年龄后，将享受同样的特权。

所以，我们的结论，从一点来看，统治者和被统治者是相同的，而从另一点看，他们又是不同的。因此，他们的教育也随之相同或不同。若有人想做主人首先是要学会服从。正如我们在这第一部分的论述，有一个原则是对于统治者的，另一个原则是对于被统治者的；前者即专制，后者即自由人统治。一些命令在执行上好像相同，但意图却迥然不同。因此，许多看似琐碎的工作被分派给自由的青年，但他们并非觉得不光荣，而是十分体面地完成了任务。既然我们说公民和统治者是同样优秀的人，这同样的人首先必须是一个附属，然后是一名统领，立法者必须设法使他们成为善良的人以及清楚通过什么方式可以办到，以及完美的生活到底是为了什么。

人的灵魂分为两部分，其一是理性本身，其二虽然内里没有理性，但却蕴藏着服从理性并为之驱使的本能。我们称具有这两个部分美德的人为善良之人。但人生之目的应存在于哪一部分？既然一切较为低等的事物总是为了维护更好或更高的存在，那么根据这一个合理的原则，我们就不难分清按上述原则划分之人。这一原则也普遍存在于人类群体与自然界中。根据习惯，理性又可分为两个部分，一是实践中的理性，一是思辨上的理性。因此，灵魂也必须做进一步的划分。行为随之也有不同，那些有能力实践全部灵魂或其中部分德行的人，定然趋于选择本性上更为高尚的行为。对每一个人来说，最愿选取的东西通常是其最熟悉之物。一切生活都可以分为劳作的与闲暇的，战时的与和平的，所有行为又有实际与高尚之分。根据灵魂部分德行的不同，我们也有诸多选择，如战争是为了和平，劳作是为了闲暇，还有的行为出于必需或是为了实用，抑或是为了完成善业。立法者在制定法律时应当对以上各项加以考虑，并且对于灵魂部分的德行更要谨慎，特别是以高尚的行为作为最终目的的事务。同时，他还须关注人类的生活方式和行为方面的轻重缓急，公民既应勤劳善战，更应致力于求致和平与闲暇；既应完成各种必需和有用的事务，更应有不以实用为目的的高尚行为。因此，儿童以及其他年龄的一切尚需教育的人都应学习这些重要的道理。

今日希腊人以拥有最优良的政体而扬名四海，但是立法者们设定的政体，却是既不以最佳的目的为立国安邦之本，其法律和教育体系也不以崇尚德行为宗旨，反而是一度追求世俗的实用技巧和某些利益。与之相似的还有某些持同样观点的著作家们，他们极力歌颂斯巴达的政体，赞扬其立法者设立的尚武好战的专政制度。无论是从理论上还是今之种种都可以轻而易举地推翻这种观点，正如多数人赞同建立基数庞大的帝国，不过是为了从中牟利，借机发财，西勃隆与其余记述斯巴达政体的著作家就是怀着这种目的称赞斯巴达的法律条令，歌颂斯巴达人凭借勇敢大胆（由于长久训练，斯巴达人比较不惧危险），建立了自己的霸权。但是如今斯巴达人的雄图霸业已然不存，那么我们就不能认可这种体制是合理的，也不能认为他们的立法者为贤良之辈。倘若人人都墨守这些法律，没有人加以阻挠或反对，那么其结果可能是所有人都将悖驳于道德的精神生活，这无疑是荒谬的。至于立法者所尊崇的统治方式，这些著作家的观点也大错特错，因为自由人的统治远胜于独裁或专制的统治，且更为高尚长远。一个城邦或一个立法者总是意图侵吞邻邦，并对其进行强权统治，那么这样的城邦显然不能是幸福之邦，如此的立法者也无足称道，这类损人利己的做法实在可耻。然而，公民一贯追求强权，有时候其中一些有能力的人难免不会利欲熏心窃取本邦的政权，如鲍桑尼亚阿斯王，他贪得无厌的意图被人识破后受到斯巴达人的谴责，尽管当时他已经荣极一时。

此种论调和法律不属于正常的政治范围，也毫无益处。善德无论对个人还是对城邦共同体而言都是相同的，立法者有义务规范人民的行为，培养其高尚的情操。至于战事训练不应以奴役自由人为目的，而是要保证公民不被奴役；另外领袖虽为被统治者的利益着想，但是不能对所有公民实施专制统治；再者，对那些天生适合受奴役的人可以实行专制。诸多史料证明，闲暇与和平才是有关军事和其他事项立法的最好目的。在战争时期，多数尚武好战的民族平安无事，但一旦其霸业得成，政权就开始分崩离析终至政毁人亡。武力就像一把利剑，和平时期它的锋芒会掩藏，而立法者对此当负首要责任，因为他没有教会公民如何经营闲暇时光。

章十五

由于个人与城邦所追求的目的是相同的，那么最优秀的人和最优的政体的目的也必须是相同的；很明显闲暇应该是他们共同的目的所在，如同经常被重复提起的战争的目的是追求和平，辛劳的目的则是获得闲暇。但有益于闲暇和修养的事务，不仅是闲暇中所体现的美德，还存在于繁忙的业务中。若要获得闲暇需要许多的必需品，因而，城邦必须具备节制、勇敢以及坚忍的性质，有句谚语说，“奴隶无闲暇”，那些不能面对危险的人最易沦为任何入侵者的奴隶。勇气和坚忍为繁忙活动所需，智慧则是闲暇时候的品质，而节制和正义，无论在战时还是和平时期都必须，但更为适合于和平和闲暇时期。战争迫使人们接受约束和公正，而和平时期的享受和闲暇，往往使他们无礼，过于放纵。那些众人欣羡，境况良好的人，更有渴望正义和节制的特殊需要，那些（如果真如诗人描述的）居住在幸福群岛上的人，他们首先就需要哲学、节制和正义，他们生活在富足之中，愈是优越，愈是闲暇。我们不难看出，为什么一个公民生活富足的城邦，需要把握好这些美德。如果人不能够运用生命的善是惭愧的，而不能够在他们闲暇时运用就更为可耻。人们在战争中显示了优良品质，但当恢复和平，他们却沦为了奴隶。所以，我们不应该采用斯巴达人的观念与方针。他们对至善的认知程度与其他的人没什么不同，但他们认为人类要获得美德须在实践中取得，这点是极有道理的。因为他们认为实施这些善行带来的享受大于直接来自美德的享受……而且，按照我们前面的论证，尤其应该注重内在的善。所以，我们现在必须考虑采用什么方法才可以达到全部的善德。前面我们已经确定了，借由天性、习惯以及理性的原则是必需的，并且我们也正确定义了公民的本性。但我们仍然要考虑理性的训练和习惯的培养。理性和习性，这两个必须一致，当它们相符时将达到最好的效果。

合乎理性可能是错误的，它或许会偏离人生的最高理想，正如一个邪恶的习惯对人们的影响。所以，这些是我们需要清楚的第一处，同所有其他的事物一样，出身意味着前期的开始，而某一开端的结果相对于另一个结果却是开端。现在，人的理性和精神是人之天性所力求的目标，一切公民的诞生和道德养成都视它们为标准。另外，灵魂和身体是两个单独的部分，我们也清楚，灵魂又分为两个部分，理性与非理性以及两个对应状态，理智和情欲。但身体先于灵魂而生，所以非理性先于理性。有证可据，如愤怒、希望和欲望，孩子一出生就存在，但理性和理解力则是他们成长过程中慢慢习得的。所以，对于身体的关心应该先于灵魂，然后才是灵魂及其他，诚然，我们必须照顾情欲是因为理性，故而我们照顾身体也是为了灵魂。

章十六

立法者若想在城邦中见到体格健壮的儿童，他最该关注的是城邦的婚姻状况，确定公民的适婚年龄以及适配条件。他须得考虑一切共同的因素，同时不能忽略公民的生命周期，既要使夫妻双方的年龄相合宜而又不能有过大的年龄差距，要避免男方尚有生育能力而女方已经不能或者女方尚有生育能力而男方不能的情况，争吵与不和通常是由此类事件引发的。其次，公民生育子女的时间也是一个问题，因为双亲和子女的年龄不能相差太大，否则亲子感情将会十分淡漠，而双亲也无法帮助子女。但双方年龄也不能过于接近，如此则子女容易不敬父母，同样双方也会在某些家务上发生分歧进而产生争执。最后我们又回到一开始的问题上，立法者也要设法培养体魄强健的儿童。我们似乎只需采取一项措施就可达到所有要求。就一般来说，男子的生育年龄终止于七十岁，妇女终止于五十岁，两房婚配应该符合这一年龄规律。年轻男女结合后孕育的子女是不利的。在动物界中，年轻的父母所孕育的新生的后代一般缺陷较多，或发育不全，或身材弱小，以雌性为多，人类的情况也会是这样。有事实为证，对于那些习惯于男女早婚的城邦，大众往往身材弱小又发育不良。而年轻母亲在分娩时较为困难，死于难产的也不在少数。据说，特罗埃岑人在向神祷告时所求得的神谕的意思，即许多年轻少女早夭是因为她们结婚过早，而这点跟庄稼没有什么关系。若把嫁娶年龄推迟，自然对于节制很有益处，而年轻的女子婚后易于沉湎于房事而放纵。如若男性在自身机体还未成熟时便行房事，就会阻碍身体发育（随着身体发育，精液也有一定的生长期，会到达一个稳定期）。因此，女子的婚期适合于十八岁左右，男子的婚期适合于三十七岁左右。此时，男女的身体皆属鼎盛时期，他们的生育能力的消弭不至于有太大差距。而婚后立即生育也很合理，当子女们开始步入盛年时，他们就将近七十，而子女们正好完成了生殖繁衍、传宗接代的任务。

关于合适的婚姻年龄业已说明，接下来我们考虑人们的婚嫁时期。如今，大多数人都把婚期安排在冬天，这一选择颇为得当。已婚的夫妇理应向医生或自然学家学习生育方面的知识，而医生们也会告知他们应当了解身体方面的有关知识，自然学家们则会以吉利的风向告诉他们有益繁衍的情况，比如，他们大都认为北风比南风有利。

父母该有怎样的体质才对子女最为有利，这个问题待我们论述儿童监督时再做论述，而我们此处只做大略概述。运动员的体质不一定适宜于公民，或许对健康和生育都没有什么好处，但是过于娇弱的体质也同样不好，介于二者之间的体格最为适宜。公民的体质要足以胜任劳动作业，但这些并不像运动员那样只在一方面进行过于剧烈的锻炼。他们参与的应当是符合自由人的日常行动，关于这点，无论男女都一样。

妇女一旦有孕在身应当注意保养身体，要经常保持锻炼，同时也要保证合理的营养搭配和膳食习惯。立法者可以让她们每天步行去神庙朝拜，向专司生育的神祇进香，从而养成锻炼的习惯。但思想与身体刚好相反，孕妇们不能太过操劳，需要保持轻松和安静。因为胎儿如植物之于土壤，要从母体吸收自己的性情。

关于新生婴儿之丢弃与抚养，可以通过制定相关法律禁止抚养畸形的婴儿。若婴儿的数量过剩，而有些地方的习俗又禁止丢弃婴儿，在这种情况下，就应该有法规限制夫妇生育子女的数量，假如在允许范围外有了妊娠，应在生命尚未成形之前施行人工流产，因为堕胎是合法还是不合法应凭生命和感觉是否显现而定。

既然已经论定了男女的适婚年龄，我们再来研究生育时期的长短。年纪太大的父亲也像过于年轻的父亲一样，他们的子女在身体和心智两方面都有欠缺。晚年得子，其身体往往十分孱弱，所以我们当以智识为据生育子女；诗人们以数字七为划分年龄周期的标准，据他们说，人生智力发育的极限在五十岁左右。因而再过四年或五年，他们就可以解除各自的生育任务了，至于剩下岁月里的夫妻相伴就只是为了个人健康或其他相似缘由了。

至于任何已婚的男人或妇女，用任何形式与其他人通奸，都被视为是可耻的。假如是在生育期间发生的通奸，则可根据罪行轻重剥夺其一部分公民权利。

章十七

孩子已经出世后，抚养他们的方式可能会对他们的身体状态影响很大。从动物和那些期望子嗣身强力壮以适宜格斗的野蛮民族可以看出，牛奶是最适合儿童身体发育的食物，如果他们想逃脱疾病的话，越少饮酒越好。所有的孩子能承受的早期运动对他们也是非常有用的。但是为了保护他们柔软的肢体不致变形或扭曲，一些城邦会使用机械设备来帮助其训练，矫正他们的身体姿态。让孩子们越早适应寒冷越好，最好是从幼年就开始，这种训练也是一个很好的实践，将大大有助于其健康和未来的战斗能力。因此，在少数野蛮民族，许多人都把刚出生的孩子浸入寒溪；其他的，像凯尔特人，就只给新生婴儿裹一件单薄的襁褓。人们应该早些习惯忍受所有可以适应的事物，但过程必须是循序渐进的。儿童内热旺盛的体质自然适合于耐寒训练。这样的方式应该在他们的婴孩阶段进行。而下一阶段是从婴孩到五岁时期。在这一时期的儿童不能被要求在学习或劳动中有所作为，以免其生长发育受到阻碍；另外，他们还应该保证足够的运动量以防止其肢体僵化。可以为他们安排游戏或其他娱乐活动，但娱乐不应该流于低俗，也不应该过度劳累，或过于散漫。被称为教育督导的官员，应该仔细甄选适合儿童聆听的故事或传奇，因为所有这些东西的目的也是为以后的生活和工作做准备，各种娱乐活动大部分应是对他们此后将认真投入事业的模仿。那些尝试在法律中明文禁止儿童哭泣和尖叫的做法是错误的，孩子的哭闹有益于他们的成长，并且也是一个锻炼其身体机能的方式。号哭的声音有类似扩张肺部的作用，可以增强其体质。

教育督导应该关注他们的成长，特别需要注意的是要让他们尽可能远离奴隶，少与之在一起。在七岁之前他们都必须待在家里；即使是在这个年龄阶段，可以预料的是，耳濡目染也会使之染上不良的习气。事实上，立法者的首要责任就是杜绝邦内一切不雅言论；轻率的恶言也会很快造成可耻的行为。年轻人尤其不应该说或听到这些污言秽语。一个自由人若是被发现说了或做了什么违禁的事，如果他还是没有获得共餐资格的年轻人，那么就应该受到斥责和惩罚，若是一个成年人，那他的行为更应该受到严惩。既然我们不允许使用污秽的语言，那么也应该禁止不雅图片或猥亵的表演。而执政者要时刻监察有没有描摹猥亵图像的画，除了那些在法律许可范围的庙宇神祇的节日。法律许可成年人代表自己和他们的孩子以及他们的妻子祈福崇拜。但立法者不应该允许未有共餐资格的青少年吟诵长短格诗歌或观看喜剧。等到他们到了年龄，那时教育业已充分，他们自然不会受到这类事物的坏影响。

我们以一个粗略的方式概述了这些话题；但此后我们还将进行充分的讨论，确定是否应该或不应该对其实行管理以及采用什么样的方式和政策。悲剧演员德奥尔罗从不允许其他任何演员（哪怕是位微不足道的演员）先于他登台，他这样做很有几分道理。因为观众总是对他们第一次或首先听到的声音动情。同样的原则也适用于普遍的东西以及人，因为我们总是对任何优先见到的事物印象最深。因此，少年人应该远离一切不好的事物，尤其是那些充满恶意和仇恨的事务。过了五岁，在随后两年他们必须观看他们以后要学习或追求的事。教育可分两个周期，从七岁到青春期以及青春期到二十岁左右。那些以年龄进行周期划分的诗人是正确的，但我们应该遵照实际上的自然区分；因为自然的不足都是由艺术与教育来填补。首先，我们先考虑关于儿童的任何规章；其次，对他们的照顾应归于国家或个人，后者是现今流行的私人监护；最后，这些规定应有什么性质和内容。

第八卷

章一

毫无疑问，没人会反对立法者将其注意力置于少年人之教育问题上。毕竟对教育的忽视终会导致政体的灭亡。而公民应当接受塑造以适应其当下生活之政治环境。各政体必有其特殊性，一如当初之动因，后为存续之实力。民主之情操造民主之政体，寡头之德行成寡头之政体；品格有高下，制度见优劣。

任何能力及技能的熟练与掌控，都是建立在事先的训练和运用上，德行亦如是。既然整个城邦都向着共同的目标，那么整个城邦的全体公民接受同样的教育就无可厚非了。并且教育问题应是所有人的责任，而非私人事务——如当下，一些父母独自照顾各自子女，按照各自认为的最佳模式教育他们。然而，对于共同目标应该实行共同的教育。我们不能认为任何公民只是属于他个人本身，一切公民都属于城邦，都是城邦的一分子，所以对于个体的关注必与对于全体的关注相一致。如此，斯巴达人将教育作为全邦人的共同责任是应该受到褒奖的，他们对下一代的教育可谓是煞费苦心。

章二

教育作为国家应尽的义务，应被纳入法律章程，而公共教育所具有的特性及其实施方针，则是我们接下来要考虑的问题。有关教育的内容，历来都是纷争不断。对青年人的教育，是倾向德行还是优质生活，是偏重智识训练还是情操培养，大家也是各执一词。现行的教育体制也以其特有的晦暗本质让人迷惑不解，没有人知道教育该往何处何方发展，在其以训练为本的方针中，是应当注重人生的实用，还是致力于道德的修养，或者更高一级的智识的提升。每一观点都有人赞同，但是每当涉及德行问题，各方又剑拔弩张。或许是人人所推崇的善德各有不同，故而他们对于善德的培养的观念也不一致。毫无疑问，儿童的教育应当包含一切必需的有用科目，但也并非所有有用科目。职业分为自由和非自由两类，而儿童只需学习勿使他们自身降格的低等实用知识。任何职业、技术或学科，凡能使自由人的身体和灵魂堕落到不适宜于德行的修养的，皆是粗鄙的；也因此，我们视那些损害人身体的工种或职业以及所有磨灭思想的活计为低端行当。在一些适宜于自由人学习的科目中，必定存在某种限度，以防止人们过于求精而遭受上述危害。自己设定的不同目标决定了其行为的性质。若一个人的学习行为是为了其自身所需，或者为了助人解难，甚至是为了求得某种卓越，那么这是无可诘责的；倘若是出于其余原因，那么同样的行为似乎就显得鄙俗不堪了。当下的教育体系所设置的科目，大概就此两类。

章三

通常情况下，我们可把教育划分为四类，即读写、体育锻炼、音乐以及有时会添加的绘画。在这些事务中，读写和绘画能广泛应用于生活之方方面面，体育锻炼则能培养人们勇敢的品质。至于音乐，可能人们的态度就会保守许多。尽管当下多数人仅把音乐当成一项享受，但事实上，音乐最初的存在意义在于教育。天性使得人们既追求圆满地完成工作，又追求生活之安逸和享乐。这里我想有必要重申的是，安闲是人们一切行动的根本原因。两者皆为必须，但安闲比工作更重要。由是，我们又不得不考虑人们应该在闲暇时间干些什么。显然，一定不会是娱乐，人生的目的并非娱乐。这是不可能的，那么在紧张工作之余更要多一些这样或那样的欢乐（辛勤工作之人需要放松，娱乐的目的即在于放松，而工作总是伴随着劳累和阵痛），在适当的场合或时刻，我们有必要增添一些乐趣，作为一味消除疲劳、解放神经的良药。在这片刻闲暇中，我们得以欢悦。而除却闲暇者，无人能够体验安闲予以人们的欢快、幸福及舒适的生活。终日忙碌之人总是着眼于尚未完成之事而操劳奔波，但所有的人都同意幸福的目的是欢乐而非悲哀。然而不同的人对于欢乐有不同的见解，凭其生活之习惯、经历之不同。至善之人眼中的乐即至善，精神源泉的一种产物。显然我们有必要开设一些关于享受闲适的教育科目，而这些教育只是基于其本身，至于那些被视为必需的实用性知识，则是出于自身之外的其他缘由。因此，我们的祖先把音乐纳入教育，并不是出于必要和实用；而音乐也不同于读写，能在致富、家务管理、求取知识以及政治活动中起到任何作用或帮助；它也不似绘画，能更好地有助于各种艺术品的赏评；它亦不像体育，能保证身体的强健和安康；所有的这些，都不是我们能从音乐中获得的。于是，好像唯一剩余的就是片刻闲暇的精神享受，也许这就是当初设置音乐的目的吧。音乐从来都被视为一种自由人度过闲暇的方式。荷马曾经在诗中写道："忽迎远客，共聚今夕。"紧接着他又描述道："斗酒相欢，酬诗咏怀。"另外，奥德修斯也说没有比这更妙的了，"列座其次，杯盏交错，畅叙幽情，共听轻吟"。

所以，应该存有一种既不出于实用也不出于必要的教育方式，公民遵循此种教育方式也仅仅是为着培养具有高尚品德和自由情操的下一代。而此种教育方式是仅有一种还是有多种，若有多种，它们各自有着什么形式，如何采取措施才能实行等问题，我们将留待后论。至少目前，我们似乎可以从古人身上窥得一点证明，他们的远见使得他们早已将音乐归入教育。另外，儿童们也应学习一些实用的知识，比如读写，但并非仅仅为了实用，也是为了通过它们能习得更多的更为丰富的各类知识。同样地，学习绘画也并非为了防止在私人交易中出错，或在物品买卖中受骗，而是为了培养一种审美能力，一种对于事物形态之美的鉴赏能力。总是追求实用的人，绝不会拥有自由的情操及高贵的灵魂。如是，在教育方面，习性先于理智，身体先于思想，所以，我们可以把儿童交给体育教练或是角力教练，首先塑造好他们的体魄，教给他们身体方面的实用技巧。

章四

在现下某些看似颇为关注儿童事务的城邦中，有人总是试图锻炼儿童，使其拥有运动员一般的体质，但其实这有害于儿童的身体和生长发育。尽管斯巴达人没有陷入这样的错误，但他们却认为，对儿童进行有效的体能锻炼，有助于培养其勇气。然而，事实上我们已重复多次，教育的宗旨并非以一种单一的目的为终点。就算我们假设斯巴达人是正确的，但他们也无法使之实现。在野蛮人和其他动物之间，我们可以看到勇敢并不就是凶残，而是一种温和的类似于狮子的秉性。世间存在许多喜好杀生，甚至宰食生人的种族，例如，居住在黑海附近的亚盖亚人和亨尼沃启人，另外还有一些栖息于内陆的部落，他们同前者一样邪恶凶残甚至有过之而无不及，他们依靠掠夺为生，却不见得具备任何勇毅的品质。众所周知，尽管斯巴达人能够忍受超常规的艰辛，但如今在战争和体育竞赛方面他们却不如别人。他们之前的辉煌，并非靠着青年人所接受的残酷训练，而只是恰巧碰到一个合适的时机，因为当时除了他们，再无他人进行此类训练。由此我们可以推断，高尚而不是残暴，应该排在第一位。任何狼或其他凶残的野生动物不可能面对威胁而慷慨赴斗，这样的危险只有无畏之士才敢于承担。有些父母只注重对儿童身体的训练，而忽视了必要的教育，其结果必然是造成儿童的低俗化。他们教给儿童的只是单一的品性，实际上这远远不足以应付城邦繁复的生活，这样做只会使得他们低人一等。所以，我们不应着眼于斯巴达人过去的成就，而是要观察他们当下的生活；现在他们在教育方面有了足以匹敌的对手，而在过去却没有。

体育锻炼应被纳入教育，这是人们一致认同的原则。而儿童只应接受适当的训练，避免不合理的膳食和过度的劳累，否则会阻碍其身体发育。关于过量训练可能导致的恶果，早在奥林匹克竞赛的获胜者身上就得到了体现。在他们之中，最多两三人能够保持从少年时期到成年时期的获胜成绩，因为少年选手早期的训练严重损坏了其身体机能。事实上，他们应当在青春期之后的三年里学习一些其他技能或知识，等过了此阶段再全身心投入严肃的训练和随之而来的严苛的膳食限制当中。任何人的头脑和身体都经不起同时操劳，这两者的机能是彼此相反的，身体的倦怠会妨碍头脑思考，而头脑的疲劳也不利于身体行动。

章五

我们业已提出了一些有关音乐的问题，现在我们将继续讨论这些问题，并做出更进一步的引申，由此，任何一篇探讨这一主题的文章亦可引用我们所做的论述。若要定义音乐的自然属性，或者解释人们何须学习音乐都是极其困难的。那么，是否我们就应该认定，音乐只是如同睡眠和酣饮一般为着娱乐和片刻的放松呢？其本质并无什么特别之处，但是它们确能供与些许欢乐，我们可以引用欧里庇得斯“解忧唯此”的话来佐证。故此人们将此三种活动相结合：睡眠、音乐以及酣饮，有时还添加了舞蹈。或者是否我们应当这样认为，如同体育训练对于身体的好处，音乐可以锻炼人们的品质，塑造人们的思想，陶冶人们的情操，从而使得人们能切身感受到真实的欢愉？又或者，我们可否说音乐有益于精神修养助长心智？显然，对少年人的教育并不是为了他们的娱乐，努力学习的过程也不轻松，反而充满痛苦和艰辛。如此安逸也并不利于少年人，他们的人生才刚处于起步状态，还达不到人生的终极目的。或者，换句话说，少年们现在刻苦学习音乐，是为了待到日后能安享这样的娱乐。如果是这样的话，那么他们为何还要亲身学习，为何不可以像波斯和米迪亚的诸王那样享受他们的演奏从而获得愉悦和教益呢？（何况那些从事音乐演奏的专业人员精于此道，其素养和技巧定高于一般人员）

倘若他们不得不学习音乐，那么以同样的原则，也该去学习烹饪。话虽如此，但实属荒谬。即使音乐真的能够陶冶性情，那为什么我们非要亲自学习不可呢？为什么不能像斯巴达人通过欣赏他人的演奏来获得愉悦，培养能力呢？斯巴达人虽不习音乐，但对韵律鉴赏有着很高的造诣，可以通过听赏分析出曲子的优劣。同样地，若音乐真的可以增添欢乐，愉悦心灵，那为什么我们非要亲自学习，而不是安安静静地欣赏他人的演奏呢？传说据诗人们描述的，众神之王宙斯并不唱歌也不弹琴。事实上，我们把专门从事音乐演奏或表演的人们称作乐师或伶人。而除非是喝醉或兴奋过头，一个正常状态的人是不会随意唱歌或者弹琴的。

剩余的问题，留待后论。至于现在，我们首先考虑的是音乐是否为教育的一部分以及音乐在教育、娱乐、精神修养中各起到什么作用。我们猜想，音乐对这三件事情都有影响，因为它们天性相通。娱乐是为了放松，随之而来的一定有享受，享受就是医治劳累的良药。而精神修养，人们一致认为它既有高尚的成分，又有愉悦的成分，幸福也是由两者构成的。无论是否伴随着歌唱，只要是音乐，就是最令人快慰的事物。诗人缪赛奥说：“音乐是人类最大的慰藉。”于是，使人身心愉悦的音乐自然成了人们社会交往的一项娱乐活动。基于此种原因，有人提出用音乐来教育青年，因为一切单纯意义上的欢愉，不仅与人生宗旨相一致，还能给人生带来快慰。虽然只有少数人最后能够实现人生的终极目的，但是多数人还是可以借此暂时排解心中的羁绊，以求得一份安闲中的享乐。音乐对于人们的益处自然很多。

或许是因为人生的目标中暗含些许享乐的成分，致使有些时候人们把寻欢求乐当成了人生目的。但这不过是片刻的享受，转瞬即逝。人们在实现理想的途中，往往容易被偶然的快乐引诱，大概是这些事物中都含有类似的成分吧。一旦达到终结（完满）的形态，人们眼中不会再有其余事物，而短暂的欢愉，也只是沉浸于挣脱昔日的痛苦，对实现未来的祈盼无任何帮助。可是人们倾听音乐，并非为了缅怀往昔，而是为了一种美妙的感受，欢乐的感受。谁说音乐不能带来高于普通享乐的感受呢？人们通过享受音乐，不单能获得愉悦，还能达到陶冶情操、提升修养的效果（感受音乐，不分年龄和性情，不论上智与下愚，人人皆可倾心）。人们性格的改变也可依赖于音乐，种种的曲调赋予人这样或那样的改变，而奥林帕斯的歌喉也是起着重大作用的。这些激荡的音乐使人兴奋，唤起了人体内在的激情。即使是由模仿发出的单音，不成歌，不成调，人们一旦听到也会为之倾心。

音乐既然令人愉悦，而德行有助于身心的快乐和高尚的操行，那么人们似乎更需要培养正确的判断力，借由善德和善行获得真正的快乐。音乐的韵律与曲调体现真实的感情，或愤怒，或温和，或勇毅，或克制，或与此相反的性情。这些效果十分显著，形象通过音乐渗透到人们内心深处，引起灵魂的激颤，仿若处其地，临其境，亲身体验了面前所有的悲苦与喜乐。这如同一个只见到雕塑形象就喜欢上其人的人，当他目睹其真身时，定会感到同样的惊喜。除此之外，触觉和味觉并不能模仿性情。虽然视觉也可以表现性情，但仅限于很小的程度上。此外，我们所谓的色、相并非性情的表征，而只是单纯意义上的对其的模拟。所以这种表现就极为肤浅和单薄，儿童或青年也就不宜欣赏鲍桑的作品，而是可以了解波吕格诺托以及其他表达道德情操的雕塑作品。在音乐方面，曲调是对性情的一种模仿，不同的曲调能使聆听者产生不同的心境。有的调子沉郁伤感令人黯然，即所谓的吕地亚混合调；有的轻快欢扬令人身心俱畅；还有的令人心平气和，这种就是多利安调特有的功能；另外弗里京调则使人激情澎湃，豪情迸发。那些研究教育的专家就事论事，对此已做了详细阐释。至于韵律，情况类似，有些节奏深沉，有些节奏悠扬，后者中又有雅俗之分，高低之论。由此可见音乐对性情的影响，而就此来教育青少年必定是极好的。音乐教育符合少年之本性，他们或因年龄无法忍受不快之事，而音乐的本质大体是甜蜜且愉悦的。音乐的曲调和韵律还可与人的灵魂产生共鸣，故智者说:“生命如歌，灵魂似曲，休戚与共，惺惺相惜。”

章六

至于青少年有没有必要亲自学习歌唱和演奏技巧，我们须指出的是，躬身参与音乐活动，一定会带来某些方面的改变，那些没有深谙音乐的人又怎能对他人的表演做出正确的评赏？另外，儿童常常无事可做，为避免其肆意毁坏家中物件，家长们会给他们玩一件叫作阿太奇的响器。这种玩具是个精妙的发明，因为儿童天性好动，好奇心重，一个响器就恰好满足其天性，等到他们年纪稍长，音乐教育便代替了儿时的响器。由此推之，少年人应把音乐学习投入实际的体验中。

关于不同年龄阶段的人适合哪类音乐，这点我们不难得出；还有人认为学习音乐会流于低俗，这种说法我们也能解释。就此，我们做如下回答：首先，我们教育少年人研习音乐旨在培养他们的鉴赏能力。由于其幼时的反复体验，技熟于心，待其成长，自然能辨别雅俗，也不必自己登场演出。至于所谓的流于低俗，我们从这些方面考察：为了培养公民的良好品质，他们在接受音乐训练时应达到怎样的程度，他们又该取用什么曲调和韵律，哪些乐器能用作音乐教育，因为乐器也有高下之分。弄清以上问题，就可解决上述矛盾。当然音乐也可能存在不好的效果。因此，我们要极尽所能，不让音乐教育对少年人成年后的事业造成阻碍，也不能让其损害少年人的身体，以至影响到无论当前还是日后的军事或政治方面的训练。

研习音乐应该遵循如下准则：不宜做以竞技为目的的训练；不宜好高骛远，追求新奇感。但是此类情况却因竞赛而被引入教育，实属失当。我们对少年人的音乐教育，不宜仅以就连奴隶或小孩甚至动物都能欣赏的普通音乐为限，而是要让他们能够达到足以领会高尚的曲调和韵律的水平为准。

从以上原则我们也可推得关于乐器的选择。无论是笛子还是竖琴，只要需要高度演奏技巧的乐器都不宜在教学中采用。我们采用的乐器应当是使学子们在音乐或其他学习中得到提升，起到有益作用的。就笛子而言，它只能激越精神，对表达道德情操作用不大，所以在宗教祭祀中才比较实用，而非适用于日常教学。此外还有一种反对的说法是，在吹奏笛子的过程中人们无法使用语言进行交流。虽然在古代曾有一段时间特别盛行吹笛，但是不久此项活动就被禁止了。那时的人们普遍家境富裕，闲暇较多，个个多才多艺，人人追求卓越，特别是在波斯战争获胜之后，他们更是力求学遍一切知识，于是管乐也被纳入教育之中。在斯巴达，曾有一位乐队指挥竟然通过吹奏笛子对合唱队进行指挥；而在雅典，吹笛子也成为一时风尚，多数人都精于此道；斯拉希普对合唱队吹奏笛子的埃克芳底特的赞美就可见一斑。随着人们技艺的进步，对乐器利弊的辨别就越来越清楚，于是大家也不再重视笛子之类的乐器，还有好多古老的旨在取乐的乐器，如七角琴、三角琴以及三角四弦琴等，以及注重弹奏指法的乐器，统统都被舍弃了。在神话故事中智慧女神雅典娜首先发明了笛子，随后又弃之，这倒是颇为有理。女神弃笛据说是因为吹奏笛子时脸颊会很难堪，不过原因也有可能是笛子无益于增长知识，因为雅典娜毕竟是众神中分管一切知识和技术的神。

由此，我们应该摒弃专业的技巧，或拒绝以专业技巧为主的教育模式。人们所谓的专业技巧不过是以竞赛为目的，用于取悦他人、追求庸俗乐趣的工具，而非专注于演奏者自身素养的提升。因此我们有理由认为登台表演这一类事情，应该雇请表演者来完成，而非自由人。听众的低俗品位降低了音乐的格调，而表演者的日益鄙俗也使得他们一味迎合听众，投其所好，致使听众身心扭曲，其结果定然很坏。

章七

关于各曲调和韵律，还有待我们讨论的是：是否一切曲调和韵律都适宜于音乐教育，或者在音乐教育过程中，我们是否应该遵循同一准则。同时，音乐是由曲调和韵律组成的，我们也不应该忽视它们各自在教育中的影响，并且我们也要明辨优美的曲调和韵律。不过对于此类问题，当下好些优秀的音乐家和教育思想家已经做了很好的论述，有志者若向往更深入的探究，可参见其著作，而我们仅从立法方面举其大意以助阐说。

某些哲学家把韵律分为三种类型，即道德导向型、行为导向型和情感导向型，而每一曲调的属性对应于各自的韵律。但是我们坚持认为，音乐应当兼顾多方面的益处，而不是倾向于某一单独用途。音乐主要以三种目的为宜：一是教育；二是净化心灵（此处暂不讨论“净化”一词的具体意义，待到其后讲授诗学再行讲解）；三是智识享受，此处与放松、消除疲劳有关。诚然，各种曲调都可以采用，但是在不同的情况下所采用的曲调不应该相同。道德导向型的适宜于教育，而行为导向型或情感导向型适宜于欣赏或聆听他人的演奏。所有人的灵魂中都存在诸如怜悯、恐惧、热忱等情感，只是每个人的感受不同，或强或弱。有的人特别易于受到宗教情感的感染，一旦他们听到这种严肃而神秘的乐曲时，就情不自已，深深沉入这种疯狂中，仿佛得到了灵魂上的治愈和净化似的。另一些易于感受到怜悯、恐惧以及其他多种情绪的人也一定会产生相同的感受，只是情感之强弱因人而异。实际上，在消除抑郁方面行为导向型的旋律颇为有益，那些参与音乐竞赛的演奏者就可以借鉴此类方式。然而，听众有两类：一类是受过良好教育的自由人，另一类是工匠、雇工等较为粗俗之人，因此，除了为第一类群体演奏表演外，也应该为后一类人群提供一些适宜的观摩机会。后一类听众由于常常劳作而偏离了自然本性，所以他们爱好奇曲异调，喜欢乖僻的旋律。并且人们乐意以自身喜好做参照，乐师在为此等听众编排表演内容时，可以适当选择与之相符的乐曲形式。就教育而言，如前所述，非常适宜于选用道德导向型的韵律和曲调。多利安可算作一列，而其他精于哲学和音乐的思想家所提倡的乐调亦可兼收。在《理想国》中，苏格拉底只保留了多利安调和弗里京调，同时他还反对笛子类管乐，这显然是错误的。其实，弗里京的调子与笛声大抵相似，两者都具有激越人心的力量。有诗为证，酒神狂热以及类似的这种冲动的情绪就首推笛声和弗里京调，其余的音乐则无法表现此种心情。第茜朗布诗体，与弗里京调最切合，也有诸多例证可举，据说菲洛克赛诺斯就曾以多利安调谱写他的《缪苏人们》，但遗憾的是他未能成功，之后他不得不转用弗里京调。人们公认的最能表现勇武的就是庄重严肃的多利安调。而且，我们提倡保持中庸，而多利安调恰好也居于各曲调之中，于是在教育少年人时，采用多利安调最为合宜。

对于存在的可能目标和适当目标，人们在追求其各自目标时需要特别注意。与此同时，这些目标也与人们的年龄息息相关。年纪苍老的人们身体衰弱，声音也不复从前，他们就只能哼哼轻柔的音乐。苏格拉底认为这种曲调不同于饮酒的陶醉，而是过于消靡，因而不适宜在教育中采用，于是一些通晓音乐擅长音乐的人就批评他，认为他的观点有误。

所谓人生易老，老之将至，就自然会选择一些轻柔的乐曲。而关于儿童的教育，只要是蕴含教益和秩序的曲调都可以在教育中采用，如吕第亚调就格外适合。如此，教育至少要遵从三项原则：中庸（平衡）、可能及适当。